LE TOMBEAU

DE

CHARLES BERJOLE

1884-1924

NOTES & SOUVENIRS DE SES AMIS

ANDRÉ BRUEL
39, rue Plantagenet, 39
oooo ANGERS oooo

LE TOMBEAU
DE
CHARLES BERJOLE

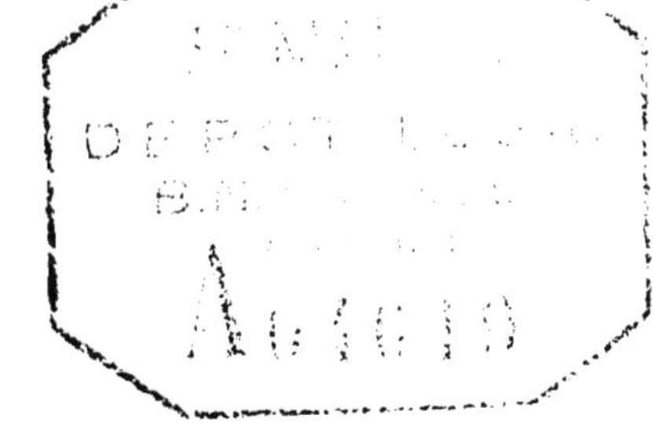

CHARLES BERJOLE

LE TOMBEAU

DE

CHARLES BERJOLE

1884-1924

NOTES & SOUVENIRS DE SES AMIS

ANDRÉ BRUEL
39, rue Plantagenet, 39
oooo ANGERS oooo

AU LECTEUR

Donner au nom de CHARLES BERJOLE cette place en lumière qu'il a gagnée par son talent, par son esprit, par ses qualités d'homme et d'artiste, tel est le souci de ses amis. Vivant, le sort lui fut impitoyable et la noire déveine l'accabla jusqu'à le perdre au moment où il allait atteindre le but, récompense de sa merveilleuse énergie.

Des amis ont voulu qu'un monument glorifiât sa mémoire et chacun d'eux a apporté sa pierre pour ériger ce TOMBEAU, *comme il fut apporté des fleurs au jour de sa mort, ces fleurs qu'il aimait tant à cause de leur parfum, de leur couleur aussi, multiple et flamboyante.*

Oui, ce tombeau est l'œuvre d'amis fervents qui veulent convaincre leur entourage de ce qu'était ce poète et cet artiste qu'ils ont connu et aimé, cet homme qui est une gloire pour l'Anjou, une humble gloire en vérité, sans palmes héroïques, mais bien précieuse quand même, puisque c'est au chercheur d'Idéal et de Beauté qu'on veut élever un piédestal modeste et triste, ce tombeau.

Collaboration d'amis également émus et dévoués, car aucun n'a eu d'autre souci que d'apporter sa gerbe de souvenirs, non pas comme un adieu, mais bien plutôt comme un regret douloureux et tenace. Et ces souvenirs ! Pouvait-on trouver plus belles images pour les orner que celles dessinées, gravées ou peintes par Berjole lui-même ; ainsi s'explique une ample moisson qu'on trouve ici mêlée à sa vie et comme l'illustration de celle-ci : des gravures sur bois de sa propre main, et puis des eaux-fortes et des dessins, des aquarelles et des peintures qu'une amitié agissante et délicate a reproduites pour que le monument fût plus beau.

*Quant à moi, je ne suis que l'*ASSEMBLEUR *des souvenirs auxquels j'ai joint les miens, interprétation fidèle de ce que m'a confié le poète, l'artiste et l'ami dans les dernières années de labeur acharné et dans le temps de souffrance qui l'achemina vers une agonie infiniment pénible.*

Jusqu'au dernier moment, sa belle âme sut parler à ceux qui suivirent avec angoisse le calvaire de l'ami condamné. Chacun alors sentait que le terme fatal enlèverait un être rare, laisserait un vide dans la vie d'art et de beauté de ce coin de la France, l'Anjou.

C'est pourquoi, en appelant à l'aide tous ceux dont les noms sont épars dans ces feuilles, ensemble nous avons édifié ce tombeau à la gloire de CHARLES BERJOLE.

Si toutefois ces notes réflètent une émotion douloureuse, que le lecteur pardonne à celui qui les rassemble et qui se sent plus à l'aise derrière ses collaborateurs pour pleurer franchement l'ami très cher, le grand ami.

André BRUEL.

Octobre-novembre 1924.

TOMBEAV

†

I. m. C. B.
S. a. A M.

Nous l'aimions, il n'est plus. C'est tout. Faisons silence.
Rappelons-nous sans bruit le doux Passé vivant.
L'Amitié dont le cœur est percé par la lance
Ne peut sur un tombeau que saigner en rêvant.

Nous l'aimions, mais la Mort eut plus de vigilance,
Sœur de ceux-là qu'épuise un monde décevant.
Il n'est plus. L'Ange noir vint avec indolence,
Et ne nous laisse, à nous, que ce nom dans le vent.

Les morts eurent des yeux et des âmes avides,
Mais pour eux rien n'est plus, brusquement tout est vain :
Et nous venons à vous, Berjole, les mains vides,

CHARLES BERJOLE, peintre et poète, Angevin,
Camarade chéri dont la tombe ne porte,
Honneur de votre vie et gloire amère et forte,

Que des pinceaux brisés et qu'une flûte morte.

Le foyer modeste dans lequel naquit CHARLES BERJOLE, en 1884, venait d'être attristé par la perte d'une enfant de dix ans. Présage mélancolique ! De bonne heure, il apprit que la vie serait rude et, dès l'école, il se mit à la besogne, sentant qu'il lui faudrait le maximum d'effort pour arriver en bonne forme à l'âge adulte. De cela témoigne suffisamment son œuvre littéraire, digne du plus fin lettré et qui n'est pourtant que celle d'un enfant de l'école primaire ; mais ce primaire sut cultiver son esprit curieux de toutes choses nouvelles. Il lisait, partout, toujours, et de tout : les livres, les revues, les catalogues mêmes des librairies et tout l'intéressait, ce qui eut pour résultat une sorte de savoir général avec des « clartés de tout ».

Poète et peintre, de bonne heure les beaux-arts l'attirèrent et c'est de front d'abord qu'il mena la peinture et la poésie: l'une et l'autre l'enchantaient, car pour lui dont la vie était rude par le métier qu'il dût faire en sortant de l'école, c'était là qu'était la BEAUTÉ, la seule raison supérieure de vivre. Ses premiers vers sont illustrés et ses premiers succès sont autant dans la littérature que dans le dessin: à quinze ans, en 1899, il obtenait à Blois un diplôme d'honneur pour une exposition de ses AQUARELLES.

Dans cette période de quinze à vingt ans, sa fécondité poétique est telle que toute une floraison éclot sous l'impulsion de feu M. Gaston Laperrière, directeur alors d'une revue angevine d'art et de théâtre, l'EVENTAIL. Dans nombre de numéros de cette revue, on trouve l'édition originale d'une partie du FLUTIAU DÉLAISSÉ, recueil incomplet de sa production poétique, mais qu'il voulut tel.

Le directeur de l'EVENTAIL demandait au poète des vers et du jour au lendemain, il recevait le manuscrit qui n'avait pas besoin d'être remis vingt fois sur le métier pour être aussi joli et achevé qu'une œuvre classique.

Qu'on ne taxe pas ces appréciations de complaisantes, car en 1908, l'historien célèbre G. LENOTRE avait si fort goûté les poésies de BERJOLE qu'il voulait se charger de les faire éditer à Paris et de les présenter ensuite pour un prix de l'Académie ; en 1908 ! et BERJOLE ne pouvant croire à tant de valeur, s'imaginait que ses vers seraient en mauvaise posture dans la production poétique de la librairie ; il hésita, puis le temps passa.....

D'ailleurs cette hésitation à prendre la Fortune par les cheveux était un trait de son caractère. Il fut toujours un modeste, un hésitant. De même que sa santé était fragile, de même son caractère le portait à la réserve en face de toute action décisive.

Sa revanche était l'art : la poésie et la peinture, les deux souvent réunies pour obtenir des résultats surprenants, si rares dans ce genre depuis l'artiste écrivain Fromentin.

De bonne heure, il délaissa le FLUTIAU, selon son expression même, pour se consacrer à la peinture et à tout ce qui gravite autour du métier d'artiste. Mais le FLUTIAU restait dans l'âme du peintre et quand même il lui fallut poétiser sur la toile ou sur le papier jusqu'à la fin, jusque dans les derniers mois de souffrance où ses projets étaient, d'une part, faire de l'eau-forte, d'autre part écrire des PAYSAGES ANGEVINS qui auraient été édités avec des ILLUSTRATIONS de l'auteur. Que de fois ces projets lui revinrent aux lèvres comme un espoir et comme un adoucissement aux souffrances présentes. D'ailleurs, ces paysages angevins conçus dans l'esprit de BERJOLE ont des ancêtres dans les feuilles locales. Sous le titre de DÉCORS ANGEVINS parurent dans LE PETIT COURRIER des notices de BERJOLE sur le

JARDIN SAINT-JEAN, sur la CITÉ, le MUSÉE, sans compter les extraits de contes et nouvelles qui sont de petits tableaux glissés au long du récit pour le plus grand charme des yeux. Ces notes prêtaient à l'illustration et ce furent de belles pages dans le CRI D'ANGERS que ce MARCHÉ avec la première heure, la foule, le charlatan, les servantes, les messagers, les fleuristes, l'auberge et même le marchand de houx, autant de silhouettes pour lesquelles d'ailleurs l'ami Gobô prêtait son crayon.

Une autre feuille bien répandue dans les collections angevines fut le numéro de Noël 1913 du CRI D'ANGERS, où BERJOLE passe en revue la Ville pittoresque, d'après les peintres et poètes du vieil Angers, avec la phrase évocatrice de la fin :

« *Ainsi, toutes ces*

choses émouvantes et bien aimées, mortelles comme toutes choses, revivront pour des yeux et des âmes à venir parce qu'un jour un artiste fut ému devant elles ou parce qu'un poète a chanté. »

Ce talent descriptif n'exclut pas l'observation chez l'écrivain ; et celle-ci ne se transforme jamais en critique acerbe ; tout au plus une petite malice vient-elle s'y mêler, mais tellement enveloppée qu'elle passe.....

Témoin cette page, compte rendu d'un vernissage à un Salon des Amis des Arts d'avant guerre, écrite par BERJOLE :

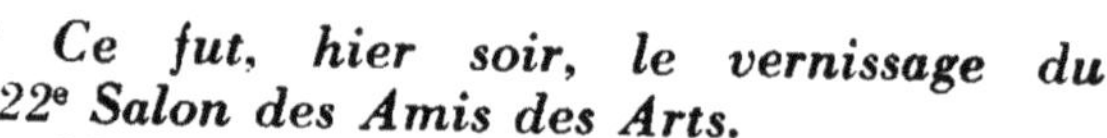

Ce fut, hier soir, le vernissage du 22e Salon des Amis des Arts.

Minute élégante de la vie angevine, hommage annuel et charmant rendu aux arts et aux artistes par le Tout Angers.

La compagnie s'y trouve d'un suprême bon ton provincial et nous nous sentons là, parmi tous ces visages de connaissance, si loin des vernissages parisiens et de leur foule bigarrée.

On n'y rencontre pas un seul des rapins porteurs des derniers chapeaux à bords rigides et des ultimes pantalons à velours cotelé. Les femmes des artistes elles-mêmes ignorent totalement les costumes, de plus en plus rares du reste, empruntés à Botticelli, et que portèrent beaucoup de muses montmartroises dans les suprêmes et déjà lointaines années du dix-neuvième siècle.....

C'est un salon, un vrai, le dernier où l'on cause. On y bavarde même énormément, on s'y informe des résultats des vendanges, du gibier qui « donne » beaucoup cette année, de la cherté croissante des vivres, et même, à ce sujet, une pensée émue des visiteurs va vers ces pauvres gens pour lesquels ils sont ici et qui font de la peinture.

Une animation exquise règne peu à peu dans les groupes qui se forment, on s'arrête à présent devant les toiles, on admire ou l'on dénigre.

Un monsieur grave, flanqué de sa dame, s'est planté à mon côté, devant un paysage où la division du ton apparaît flagrante. J'attends le mot classique de « fumiste ». Erreur, à travers cette toile anarchiste, l'amateur voit plus haut et plus loin... car parmi les mots qui viennent frapper mes oreilles, je perçois : ...France aux abîmes... Confédération générale du travail... Ouest-Etat...

Une jeune femme amie me demande : « Où sont donc les Cubistes ? »

— Y pensez-vous, jolie madame ? nous n'avons pas ça ici et puis, entre nous, le cubisme, c'est déjà un peu réactionnaire...

— Croyez-vous ? fait-elle, en agrandissant les deux pervenches de ses yeux.

— Oui, l'avenir de la peinture est, paraît-il, au Tubisme, les cubes sont remplacés par des cylindres de divers calibres soudés les uns aux autres et la couleur exaltée jusqu'à...

Chut ! chut ! fait-on autour de nous... En effet, les discours commencent, vous les lirez plus loin. Ils furent très applaudis, comme ils le méritaient.

Ils peuvent tous se résumer en ceci : Plus que jamais les arts seront encouragés et les artistes aidés, les continuateurs des David, des Lenepveu, des... etc., sont invités à se faire connaître dans les plus brefs délais.

Après ce flot d'éloquence, c'est le flot pétillant et doré du champagne. Au buffet, les invités vont vider une coupe et grignoter une friandise, puis, à la suite de M. le Président, guidant M. Saglio, qui représente ici le « successeur direct d'Apollon », se répandent dans les salles merveilleusement décorées de l'Exposition.

Nous avons déjà dit que, cette année, l'ensemble du Salon était remarquable.

On a fait une fête particulière au bon peintre Tessier, pour sa très belle exposition. Dans sa barbe noire, l'excellent maître angevin a le sourire et je crois, pour ma part, que bien peu des pastels exposés retourneront à son atelier.

Mais les fortes émotions (d'art) donnent appétit, et l'heure du dîner est proche, peu à peu les invités se retirent. Dans les salles, des groupes discutent encore avec une passion de bon aloi devant des toiles, puis tout à coup, emportés par le feu de la discussion esthétique et aussi par la pente du parquet qui descend vers la scène (attention ! attention à la coquille !) se trouvent à la porte de sortie. Saluts, poignées de mains, révérences, cadence des petits pieds sur les planches du théâtre... parfums vagues... le vernissage est terminé.

Entre nous, vous savez, nous n'avons rien du tout verni.

Sortant à mon tour, j'ai rencontré Colette, la petite cousine de Marcelle Tinayre... Elle était en arrêt devant une toile bizarre où s'amalgamaient des souvenirs de Cézanne et de Gauguin mal digérés, enfin ce qu'on est convenu d'appeler de la peinture bien personnelle.

Hypnotisée par ce chef-d'œuvre, elle eut tout à coup un geste décidé. De sa petite main gantée, elle désigna la peinture, puis se tournant vers un monsieur d'âge respectable, absolument médusé, elle s'écria : « Dans tout ce salon, il n'y a que ça, ça, ça ! »

Combien de revues, de feuilles eurent ainsi la collaboration de CHARLES BERJOLE, soit sous son nom, soit sous un pseudonyme (1), et c'est autant de diamants dans leurs archives. Par contre, il fut assez peu parlé de lui, il n'imposait pas sa personnalité et même sa modestie s'effarouchait assez promptement. Ne fallut-il pas toute l'amitié d'un HENRY CORMEAU pour qu'il acceptât l'interview parue dans L'OUEST le 29 février 1912.

(1) Notre ami signa longtemps ses vers : FIRMIN MADELEINE.

FIGURES DE L'OUEST

CHARLES BERJOLE

« Il me semble ne devoir jamais oublier la bonne surprise d'art qui m'échut, de trouver un beau matin dans le MAINE-ET-LOIRE l'une des premières pages publiées par CHARLES BERJOLE : une description de la Cité avec ses maisons vétustes chaperonnées de pignons et embéguinées de cintres qui la font comparer à une communauté de vieilles en coiffes à l'ancienne mode ; une description pittoresque comme une estampe, savoureuse, nuancée, ici effondrée de lueurs, là imbibée d'ombres laquées comme des taches, entravée de lignes et d'arêtes enchevêtrées comme des stoppures, comme un filigrane aussi au travers duquel, restée empreinte, la figure du passé s'inscrivait, béate et massive, en une sieste souriante de chanoine.

Par la suite, d'autres proses pareillement chantantes, des poésies enrubannées de jeunesse, des chroniques d'art précises et originales attachèrent plus chèrement la sympathie des lettrés à cette signature ; le nom de CHARLES BERJOLE essora dans la lumière des notes d'écriture assez semblables à ces boutons où l'âme du rosier boursoufle sans pouvoir se délivrer du secret avoué par chaque rose et se renouvelant toujours.

Voilà des années de cela, déjà ; voilà des années que CHARLES BERJOLE m'apparaissait comme le petit frère de mes préférences, le benjamin très doux de notre famille de poètes angevins et, ce qui semblera peut-être invraisemblable, ce n'est que ces jours derniers que j'ai pu le rencontrer lui-même et que nous avons lié connaissance.

Charles Berjole n'a pas vingt-huit ans. Il est né à Angers en juin 1884, — *un vendredi et un treize. Comme c'était malin !* me dit-il en riant, d'une de ces boutades d'atelier comme le peuple les aime en France.

Le père mourut jeune ; son enfance, au faubourg, attendit longtemps le passage de la fée qui devait venir apporter le bonheur. « *J'eus de bonne heure,* me dit-il encore, *l'impression que la vie n'est pas une excellente affaire* ».

Il quitta l'école à quatorze ans pour gagner sa vie en fabriquant des poignées de corde à sauter dans l'usine Bessonneau. C'était bien la mouise. Sa volonté s'y trempa. Le gosse, par fortune, avait du cœur au ventre ; il voulut monter et se cramponna à la première marche. Une maison de commerce lui offrit du papier à noicir, il gratta des chiffres. Puis il monta encore un degré, plusieurs. Un architecte, M. Réchin, l'employa : Charles Berjole fit du dessin, s'initia aux choses de l'art. Le goût de l'encre le mit en appétit. Il travailla avec M. Brunclair à l'école des Beaux-Arts

Des idées de beauté, la griserie de l'idéal le firent monter encore. Ses dons murent sa main : la fée passait ; il l'épousa.

Chose étonnante, ce jeune homme si manifestement doué pour écrire ne rêve que dessin et peinture. Il regrette de n'avoir pu parfaire les études artistiques nécessaires, aller à Paris se perfectionner. Peindre, dessiner, toute sa joie est là. Il n'écrit, dit-il, que pour s'amuser ; et de fait, ses premiers vers surprirent ses amis.

Le pinceau de Charles Berjole, certes, n'est point à dédaigner ; il a fait quantité de belles images. Mais sa plume l'a illustré en écrivant tant de choses plus jolies encore !

Des poésies, des contes, des articles d'art ont paru, de lui, dans La Revue Angevine, L'Angevin de Paris, Le Journal de Maine-et-Loire, Le Pays Bleu, Le Petit Courrier. L'Eventail, La Vie Angevine, La Vie Nantaise, La Jeune Revue, Le Correspondant, Théatre et Littérature, et tout emment dans ce nouvel et intéressant périodique, L'ANJOU USTRÉ, où il a donné l'un de ses meilleurs poèmes, décoré r lui-même d'un exquis frontispice à l'aquarelle.

Au Grand Théâtre d'Angers, il a fait jouer le MISSEL, un te en vers, qui a laissé dans le souvenir public l'impression l'un des plus agréables événements littéraires angevins de s dernières années. Le MISSEL a été également représenté à ris, à la Bodinière, lors d'une matinée organisée en onneur des poètes de l'Anjou par L'ANGEVIN DE PARIS. Cette vrette a été publiée dans THÉATRE ET LITTÉRATURE (1er juin 08).

Un autre acte en vers, UN JOUR DE WATTEAU, a été joué aux nis des Arts d'Angers. Un troisième, LA PLUS CHÈRE AUTÉ, à-propos en l'honneur de Joachim du Bellay, attend que l'occasion de se dévoiler sur le « plateau » : is aux amateurs.

Quant aux poésies fugitives et aux contes, ils couvrent des ges et des pages ; les recueils sont là, tout composés en ries aux sous-titres invitants : CONTES BLEUS, la PARURE DE HEURE, le PRISME INTIME, les TENDRESSES, BULLES DE SONGE, c... Par ce temps de verbiage et de sadisme, les beaux livres stent en manuscrits ; la petite fleur bleue ne se voit jamais mise dans le jardin public.

Imagier, conteur, poète, CHARLES BERJOLE excelle à révéler s êtres de légende jouant entre les lignes des vieilles aditions, le mystère hantant les ruineux logis qu'a patinés main d'ombre du passé. Des yeux que la mort a occlus ndant qu'ils poursuivaient leurs songes, la vision ébauchée otte encore, un rêve de merveille, une espérance d'au-delà rhumaine, dont il surprend les apparitions imaginaires au nd du silence où songe l'âme étrange de la cité

Le point du jour, le lever du printemps réapprennent à sa unesse la chanson de Fortunio ; il ne lésine par sur l'amour. ar contre, le soir qui meurt, l'automne qui agonise, sont des visages de cire » sur lesquels il se penche en un désir confus e résurrection. Il entend tomber de l'infini le son de l'heure éternelle : survivant à la fragilité des êtres, à la décomposition des décors, à la vanité des évolutions, une vie intérieure se prolonge, avec un soleil sans nuit et un horizon sans limites, dont la pénétration affine le sens de l'homme et allume aux yeux de l'artiste une étincelle de divinité ».

HENRY CORMEAU.

CHARLES BERJOLE en 1906

*
**

Bien avant cet article, le 27 mars 1908, le poète CHARLES BERJOLE recevait de l'ermite d'Orthez, FRANCIS JAMMES, des paroles d'encouragement :

« ...Vos vers expriment des sentiments qui ne peuvent que toucher le cœur d'un poète qui a beaucoup écrit pour des amis inconnus.... ».

A cette date, LE MISSEL était né. Quel Angevin de l génération de 1906 n'a souvenance de cet événement qui eu sa répercussion à Paris et même plus loin.

Une revue d'Angers, LA VIE ANGEVINE, avait organisé u concours dramatique. Le premier prix échut à l'auteur d MISSEL, enluminure en un acte dont la presse du temps fu unanime à faire l'éloge. LE MISSEL fut joué au Théâtr d'Angers le 1er mars 1906 puis le 4 mars, le 6 il fut repris pa la Société des Amis des Arts. En décembre 1911, on voit L MISSEL à Douai, enfin au Palais des fêtes de la ville de Pari il fut joué le 6 avril 1913 par la Société Les Muses.

De toute cette gloire, BERJOLE ne voulut pas profiter comm en témoigne une note signée Lidzt dans le CRI D'ANGERS :

« Ame douce, cœur simple et droit, CHARLES BERJOLE a e le rare mérite de ne point importuner le public de s personnalité. Sans doute il fut sensible au succès, mais so heure de gloire passée, il sut sans bruit, sans orgueil, reprendr compas et tire-ligne, et sans souhaiter de nouveaux triomphes se contenter de la vie modeste et laborieuse qu'il avait connu dès l'enfance. »

Ajoutons que l'auteur du MISSEL fut tout étonné un jou d'être appelé à Paris pour recevoir des droits d'auteur. Simpl comme toujours, il entra dans le bureau parisien où le employés firent un accueil décourageant au jeune auteur. Mai lorsque BERJOLE eut timidement annoncé qui il était et c qu'il venait faire, ce fut comme il disait lui-même une tout autre histoire. On fit assaut d'amabilité, et il sortit de l comme un triomphateur.

Les droits d'auteur le trouvaient toujours aussi étonné e son ami, M. Philouze, fut le témoin d'une belle joie, le jou où le poète reçut une petite somme d'argent pour un cour poème envoyé au CORRESPONDANT :

« *Alors !* » disait BERJOLE, « *on paye encore des vers !* »

LE MISSEL fut édité dans des revues qui sont devenues très rares aujourd'hui. BERJOLE eut été heureux de le voir publier à nouveau et dans cette intention il avait ébauché des projets d'illustration que la maladie arrêta. Mais son désir sera réalisé et dans un temps que nous espérons proche LE MISSEL deviendra un ornement des bibliothèques angevines. Alors il sera accompagné de deux autres pièces en un acte inédites : UN JOUR DE WATTEAU et LA PLUS CHÈRE BEAUTÉ.

UN JOUR DE WATTEAU (1), un acte en vers, fut joué deux fois avant et après la guerre sur un petit théâtre et devant un public restreint mais lettré. Ce fut un succès tout intime et un vrai régal pour les spectateurs, car l'auteur lui-même tenait un rôle important et les vers furent dits comme ils avaient été conçus.

L'autre pièce, LA PLUS CHÈRE BEAUTÉ, ne vit pas la rampe. Elle fut composée pour les fêtes de Liré en 1909 et ne fut jamais montrée. C'est une offrande exquise à l'Anjou que le poète chante par la voix du héros de cet A PROPOS EN UN ACTE, EN VERS, EN L'HONNEUR DE JOACHIM DU BELLAY.

Un court dialogue entre le célèbre poète angevin, la Muse et un camarade italien ; la scène se passe dans la campagne romaine en 1551 et là Du Bellay évoque son pays natal.

Et même certains soirs, mon désir étonné
Va vers l'humble hameau d'Anjou où je suis né,
Vers le village au bord de la Loire pensive
Aux toits en capuchons moussus d'ardoise grise
Et cela met en moi une étrange douceur
Comme une main de femme aimante sur mon cœur.
. . . .

Voici l'Eglise avec son fin clocher d'ardoise
Et voici le calvaire où les routes se croisent,

(1) Le succès de cette œuvre fut noté dans la presse régionale dé 1910

Voici les peupliers qui bordent le chemin,
Voici la haie en fleurs et mouillée au matin,
Voici la prée au bord de la Loire...
....
Je respire comme un parfum toutes ces choses.
....

Je rêve dans mon livre une fleur merveilleuse
Un poème ....
Mon Anjou vivrait là d'une grâce immortelle
Que les ans sur les ans feraient encor plus belle.
....
De ma gerbe il serait la plus exquise fleur.
....

On l'apprendrait aux tout petits dans les écoles,
Il germerait avec le froment des sillons,
Avec la grappe aux ceps noueux des coteaux blonds ;
Et jusqu'au soir des temps, amoureuse et câline,
Ma chanson bercerait les âmes angevines...

....

*
**

Comme celle du glorieux ancêtre, la chanson de BERJOLE est digne elle aussi de bercer les âmes angevines, car il fut angevin de tout son cœur et de tout son esprit. Sa vie s'écoula entièrement dans le pays où il est né, la Ville où il revenait, heureux de travailler dans le calme bien préférable, disait-il, à ce fiévreux Paris « *que j'aime tant mais où j'ai toujours aussi un étrange cafard* ». Même il avait peur de Paris, peur aussi que sa santé toujours précaire ne vint à lui manquer ; et puis son tempérament le retenait là par les fibres de son âme, par les souvenirs aussi des paysages entrevus, admirés et dépeints : « *nos paysages angevins valent tous les*

aspects de la mer, j'aime bien Saint-Malo, mais j'aime mieux le Bourg d'Ion. »

O mon doux Anjou, dit la belle chanson du Flutiau...

Car la campagne angevine l'enthousiasmait, la campagne douce et simple comme lui, LE DOUX BERJOLE ; ainsi l'appelle MARC LECLERC dans les POÈTES ANGEVINS D'AUJOURD'HUI. — Ainsi également le dépeint M. A. LE MOY, dans les lignes suivantes :

« Charles Berjole m'apparut en effet et bientôt comme la personnification la plus exacte et la plus complète de cet Anjou où l'on ne sait ce qu'il faut le plus admirer : de son charme et de sa grâce, ou de son originalité et de sa force. Il me semblait, à mesure que je le connaissais mieux, que la douceur angevine, avec ce qu'elle a de plus spirituel et de plus tendre avait trouvé en lui son expression la plus parfaite. Ce que Du Bellay disait du climat angevin, quand il opposait la douceur angevine à l'air marin, Berjole l'avait spontanément réalisé dans son caractère par l'égalité de son humeur et l'aménité de son abord, par l'effacement discret de son grand et double talent, par la bonté qui éclatait, qui jaillissait naturellement de son cœur.

Sans doute, et depuis que la publication de son Flutiau Délaissé nous avait laissé un peu de sa personnalité, avions-nous senti, sous sa riante gaîté d'Angevin, un peu de cette mélancolie dont ne fut pas exempt son grand frère aîné, Du Bellay. Peut-être même, certaines notes revenaient-elles — plus graves et plus tristes que ne semble le comporter notre douceur originelle. C'est que Berjole n'était pas seulement le poète des clairs matins et des printemps fleuris. Il était aussi un de ces penseurs qui ne ferment pas obstinément l'oreille, comme en ces temps de Toussaint au glas des trépassés. L'une des pièces de vers qu'il a dédiée à Mlle Mathilde Alanic, Les Pèlerins, semble même contenir, tant elle est poignante, comme un présage de sa courte destinée et de sa fin hâtive. Cet Anjou si pimpant et si gai, parfois même trop bacchique sous la plume des autres, m'apparut dès lors et sous l'inspiration de Berjole, comme ombré d'une légère teinte opaline qui le rendait plus naturel et plus vrai. -Après Du Bellay, c'est décidément lui qui aura le mieux compris ce que renferme à la fois de grâce et de charme et aussi de gravité et de réserve, cette heureuse formule de la « douceur angevine ».

Que la douceur ne soit pas l'apanage exclusif de ce délicieux coin de terre, nous le savons tous ; mais la douceur revêt ici une forme d'une originalité indiscutable et que nous identifierons mieux désormais en évoquant le souvenir du plus doux et du plus aimable des Angevins. Il nous suffira de faire revivre d'une part le naturel et l'aisance calme de CHARLES BERJOLE, la limpidité de son franc regard, sa fine intelligence qui sut se passer au début de toute instruction plus ou moins formaliste ; son goût si rapide et si sûr pour tout ce qui était clair, et d'autre part, sa respectueuse déférence à l'égard de ses vieux maîtres comme M. Brunclair qu'il vénérait, sa merveilleuse habileté à deviner à son tour, chez ses disciples, les dons à développer, et par dessus tout, un degré d'émotion très puissant et profond devant toute sincère manifestation du beau et du bien. J'y joindrai encore le commerce d'une amitié toute angevine, faite de courtoisie et de cordialité, qui écarte toute idée d'intérêt, qui bannit toute moquerie soi-disant spirituelle, qui laisse place à l'abandon de ce que nous avons de meilleur en nous. »

*
**

Oui, Angevin, il le fut passionnément à une époque où le régionalisme ne faisait qu'apparaître ; il collabora à toutes les revues qui essayèrent de sortir; à toutes il donnait sa prose ou ses vers sous forme de CONTES, ou bien de DÉCORS. Marc Leclerc nous dit :

« Il fut parmi les vaillants de ces Revues charmantes à qui « ne manquèrent pour durer que des Mécènes : la jeune revue LA VIE ANGEVINE et L'ANJOU ILLUSTRÉ ».

« *Hélas, que j'en ai vu mourir de jeunes feuilles !* » ajoute le doux BERJOLE.

Et avec ces feuilles la verve du poète s'arrêta. Plus tard,

beaucoup plus tard, il relut ses poèmes de la vingtième année, les rassembla et leur donna ce titre symbolique :

LE FLUTIAU DÉLAISSÉ.

A peine voulait-il qu'on en fît un recueil. « *C'est tout jeune,* me disait-il, *vous ne pourrez rien faire de cela, le public n'en voudra pas !* »

Le public au contraire fut ému par ce livre et, en quelques mois, l'édition s'épuisa. Le poète eut la joie immense d'apprendre quel accueil on avait fait à ses vers ; et cette joie se prolongea pendant les mois de souffrance depuis que son livre fut mis en souscription en mars 1924 jusqu'à la mort de BERJOLE, en septembre, date à laquelle il ne restait plus que quelques exemplaires de l'édition. Que ceux qui ont contribué à cette joie soient fiers d'avoir ainsi discrètement adouci les peines de celui qui fut leur ami et qui les a bénis.

D'ailleurs on peut le proclamer bien haut, ce recueil surprit agréablement beaucoup de lecteurs qui ne pensaient pas avoir tout près d'eux un poète aussi délicat. Il surprit même d'autres poètes, de grands écrivains qui regrettent de n'avoir pu le suivre dans cette voie, l'aider comme le proposait G. Lenôtre, et l'élever aux grands honneurs de la littérature. Mais patience. Tout n'est pas fini et la mémoire d'un poète peut se glorifier sur son tombeau...

La presse qui ne fut touchée qu'en qualité d'amie et non par un service régulier (l'éditeur fait ici son *mea culpa*), retentit d'échos flatteurs au plus haut degré et la naissance du FLUTIAU vit une floraison d'articles critiques que l'on peut de la manière la plus heureuse placer les uns près des autres, car sans se refléter, ils se complètent et l'ensemble forme une couronne magnifique où chaque auteur apporte sa part de fleurs suivant son tempérament d'écrivain et d'ami. Voici chacun de ces articles, suivant leur date de parution :

LE PETIT COURRIER

(EMILE MARCHAND)

« Ce recueil, dont nous avons les pages sous les yeux, est intitulé très simplement LE FLUTIAU DÉLAISSÉ. Les pièces qu'il contient sont groupées sous cinq titres : LA PARURE DE L'HEURE, LES PROVINCIALES, LES TENDRESSES, HÉROINES ET FIGURES et LE PRISME INTIME.

Les poésies de M. CHARLES BERJOLE, en général très courtes, sont pour la plupart des sonnets, qu'en artiste habile, il a su ciseler avec une rare délicatesse et un goût parfait, dans une forme impeccable. Le vers qu'il affectionne — et qui est le plus large, le plus harmonieux et le plus beau — est l'alexandrin. Deux ou trois fois seulement, et par fantaisie sans doute, M. CHARLES BERJOLE a fait une rapide incursion dans le domaine du vers libre, notamment dans la pièce intitulée L'AUBERGE qui est un tableau pittoresque assurément, mais à laquelle il manque le rythme et l'harmonieuse pureté qui se retrouvent partout ailleurs dans l'œuvre du poète.

M. BERJOLE est tout à la fois un sentimental et un peintre. Ses petits poèmes sont la reproduction délicieuse et fidèle de ce qu'il voit et de ce qu'il ressent non seulement autour de lui, mais en lui-même, dans son âme et dans son cœur. Si vous voulez vous en convaincre, lisez ces deux sonnets que nous avons cueillis et qui comptent parmi les plus charmants du recueil.

LA MAISON

Sur le bord de la route où passera la Vie
Toute blanche de lune et blonde de soleil,
Notre maison verra de l'aube au bon sommeil
S'étendre la campagne endeuillée ou ravie.

Le portail accueillant comme un jeune sourire,
Les fenêtres : des yeux où brille du bonheur ;
Le logis semblera le doux visage en fleur
D'un enfant très heureux qui songe sans rien dire.

A ses pieds, un jardin tout petit et charmant,
Où les Etés tissés d'or fluide et brûlant,
Nous descendrons à l'heure où bleuissent les choses.

C'est là que notre amour ira souvent s'asseoir
Avec, approbatrice et folle dans le soir,
La chair pâle et déjà défaillante des roses.

OPHÉLIE

Dans la nuit de ton âme et la nuit de la terre,
Tu t'en fus vers l'étang que cernent les roseaux,
Que le brouillard étreint d'une écharpe éphémère,
Vers l'étang aux blancheurs lunaires de tombeaux.

Alors, petite chose incertaine et légère,
Ton corps glissa, fluet et pâle, au fil des eaux,
Et les saules cendrés, en penchant leurs rameaux,
Surent seuls, un instant, ta beauté mortuaire.

Je t'ai toujours aimée au secret de mon cœur,
Ophélie, et les yeux tournés vers Elseneur,
J'ai suivi dans le soir ta forme fugitive !

Car ta jeunesse allant dolente vers la Mort,
A l'attrait de ceux-là qui désertent le port
En laissant un parfum seulement sur la rive.

Est-il quelque chose de plus gracieux, de plus tendre, de plus musical et de plus exquis que ces vers ?

Dans la pièce qui termine le recueil, LA VICTOIRE, VERS ÉCRITS APRÈS LA BATAILLE DE LA MARNE, M. BERJOLE a su faire vibrer magnifiquement la fibre patriotique. Nous voudrions pouvoir la reproduire toute. En voici les dernières strophes :

La voilà, la voilà qui vient par nos chemins
Sa robe à la couleur des campagnes françaises,
Le glaive justicier frissonne dans sa main
Et près d'elle marche sa sœur : La Marseillaise.

Ah ! l'avoir vue et puis s'endormir consolés
A jamais, sur le cœur battant de la Patrie,
Heureux d'avoir vécu les beaux instants ailés
Où la France est une âme innombrable et fleurie.

Pourtant la vie éclate et sourit dans ses yeux,
L'espoir d'un peuple flotte aux plis de sa tunique,
Elle marche au devant du souffle fabuleux
Qui gonflait le péplum de la Victoire antique.

Elle est la fille du Devoir et de la Mort,
Mais nous oublions tous son origine austère
Pour avoir vu sur notre sol renaître encor
Sa divine beauté de femme et de guerrière !

O Victoire, voici nos tout petits enfants,
Rameaux tremblants encore au grand vent des espaces,
Bénis-les de tes bras vivants et triomphants,
De tes bras étendus jusqu'au lointain des races.

Puisque tu joins tout l'autrefois à l'avenir,
Pavoise les berceaux et pavoise les tombes ;
Nous attendons les temps nouveaux qui vont mûrir
Et sur le ciel lavé le vol clair des colombes !

A tous ceux qui aiment à se laisser bercer à la musique adorable des rythmes, les vers que nous venons de reproduire ne manqueront pas de donner le désir de connaître tout entier le recueil de M. CHARLES BERJOLE qui a sa place marquée parmi les meilleurs poètes de notre Anjou (1). LE FLUTIAU DÉLAISSÉ les charmera jusqu'au bout de son chant très suave et très doux ».

(1) M. AD. VAN BEVER dans *Les Poètes du Terroir* (édit. Delagrave) écrit : « Nous ne saurions passer sous silence ..... ces gentils rimeurs pleins de promesses, GUILLAUME CARANTEC et CHARLES BERJOLE, auxquels nous devons déjà quelques pages d'une vivante originalité. »

L'EXPRESS D'ANGERS

(Léon Philouze)

« De Charles Berjole, nous aimions la chaude et belle lumière de ses toiles, la sincérité passionnée de son interprétation de la nature. Il n'était pas seulement un artiste maître de son art, il était un évocateur de l'âme des paysages, peints par lui, car il nous rendait les émotions qu'il avait ressenties devant tel site, tel aspect de nos paysages angevins, de nos blancs villages de tuffeaux, de nos logis, de nos clochers, de nos maisons, de nos routes, de nos coteaux, de nos vallées, de notre Loire, dans sa splendeur, à toutes les heures, au matin sous les nuées et vapeurs roses, au midi sous l'éclat dur du soleil, au crépuscule, sous la pourpre des clartés mourantes. Il savait éliminer les détails, aller à l'essentiel, pour donner une impression d'ensemble, pour exprimer par le dessin et la couleur une pensée dominante et forte.

Cette poésie de ses tableaux, nous savions qu'il l'avait exprimée ailleurs, sous une autre forme. Ses poèmes, trop peu connus et dispersés, nous avions souvent regretté qu'ils ne fussent pas recueillis et connus du public comme ses toiles. M. André Bruel vient enfin de réaliser notre rêve, en publiant aux éditions du Bibliophile Angevin, sous ce titre charmant et symbolique : Le Flutiau délaissé, les vers épars de Charles Berjole.

Ces vers, Berjole les a composés, à de rares intervalles de loisirs, au hasard et au gré de son inspiration, suivant le conseil de Charles Guérin, dans la simplicité du

.... doux poète du foyer
Qui respire l'air frais de la nuit à sa porte,
Et tresse, au bruit que font la vigne et le rosier,
Des strophes, vers à vers, comme un flexible osier
Pour y garder l'amour que son âme en fleur porte.

Il a chanté sous ce titre : LA PARURE DE L'HEURE : la venue du printemps, premier soleil qui rend aux vieillards la jeunesse et *fleurit des aveux tremblés aux jeunes lèvres*, les jardins d'avril que le soleil trouble et ravive, quand l'air que l'on respire a le goût du printemps, les vignes, les étangs, octobre et les dernières clartés, *quand un tulle adorable est posé sur les choses;* les soirs et leurs paroles secrètes à l'heure *où la nuit épouse et possède les champs.*

LA PEUR DU SOIR nous donne les frissons des pièces de Maëterlinck :

> « *C'est peut-être le Soir, le grand Soir qui t'apeure...*
> *On dirait qu'au profond d'une vieille demeure,*
> *Quelqu'un de bien aimé clôt ses yeux au soleil* ».

LES PROVINCIALES nous font, d'abord, entendre la bonne chanson de naguère :

> *Puis le chant se précise, un vieil air d'autrefois*
> *Que durent écouter nos lointaines grand'mères ;*
> *Dont la gaîté se fait un peu grise parfois,*
> *Comme aux anciens pastels, les roses éphémères.*

Et des parfums traversent l'exquise musique, parfum alangui des tilleuls, près de la Maine, tandis qu'au-dessus des quais d'Angers

> *En jardin fabuleux, le ciel divin fleurit,*
> *Le croissant pâle y met l'acier d'une faucille,*
> *Dans l'ombre sur les bancs songent les miséreux,*

qui, dans cette trève du soir, sentent tomber sur eux

> *La rosée apaisante et fraîche d'un bon rêve.*

Cette musique crépusculaire, nous l'entendons aussi avec « Le Flûtiau » sur la Loire, quand l'or d'un soleil oblique éclaire les lointains, et tant de paix descend

De son chant, du grand ciel que pressent les étoiles
Qu'on entendrait le pas si léger du bonheur...

Le poète évoque toute la grâce, le charme de son Anjou, de sa vieille ville dont les rues et leurs passants, à la tombée du crépuscule, rappellent les anciennes estampes, où la Cathédrale, sur le ciel recueilli « élance en jets fins sa sveltesse » :

Ses flèches où s'attarde et bouge un reflet rose
Sont un double cantique, et dans la paix des choses
Un angelus de fer à petits coups descend.

Le poème n'oublie pas, après la Cathédrale, les églises habillées de feuilles, de Francis Jammes, les églises des campagnes angevines. Il évoque les soirs de Fête-Dieu. Il dit les petites villes, la gaîté des vieilles auberges où s'attablent les pêcheurs, devant les verres où le vin des coteaux pétille, la maison sur le bord de la route « où passera la vie », tous les aspects aimés de la terre natale :

O mon doux Anjou de sérénité,
Mêle ma chanson, sous ton ciel d'opales,
Aux parfums légers des vergers d'été,
Aux voix des passeurs des rives natales.

Le chapitre suivant, Les Tendresses, est un merveilleux épithalame où tremblent des voix de femmes, voix lointaines..

qui viennent du rivage heureux vers notre peine.

Et, c'est l'amour qui dure, dans les multiples jeux des apparences ; l'amour qui refait le voyage de l'enfance nchante le présent, fait de l'avenir un beau conte éternel et harmant et l'on craint que l'instant adorable s'achève, qu'il e parte « laissant son ombre seule aux murs de la demeure ».

Ces vers délicieux « sont comme des bras croisés sur nos endresses ».

Allons vers le jardin caché de notre enfance.
Vers les beaux jours vêtus de robes d'innocence...

La VICTOIRE DE LA MARNE a inspiré à BERJOLE un beau oème :

Ah ! l'avoir vue et puis s'endormir consolés
A jamais, sur le cœur battant de la Patrie,
Heureux d'avoir vécu les beaux instants ailés
Où la France est une âme innombrable et fleurie.

Pourtant la vie éclate et sourit dans ses yeux,
L'espoir d'un peuple flotte aux plis de sa tunique,
Elle marche au devant du souffle fabuleux
Qui gonflait le péplum de la Victoire antique.

Elle est la fille du Devoir et de la Mort.
Mais nous oublions tous son origine austère
Pour avoir vu sur notre sol renaître encor
Sa divine beauté de femme et de guerrière !

O Victoire, voici nos tout petits enfants,
Rameaux tremblants encore au grand vent des espaces,
Bénis-les de tes bras vivants et triomphants,
De tes bras étendus jusqu'au lointain des races.

Puisque tu joins tout l'autrefois à l'avenir
Pavoise les berceaux et pavoise les tombes.
Nous attendons les temps nouveaux qui vont mûrir
Et sur le ciel lavé le sol clair des colombes !

Cette note lyrique est unique dans le FLUTIAU DÉLAISSÉ. Une mélancolie plane souvent sur la musique des stances, avec une sorte d'effroi, même du bonheur.

Tous les poèmes et lieds de BERJOLE ont un accent qui ne trompe pas ; ils sont sincères, ils sont émus et leur émotion se traduit par des images spontanées et neuves, d'une beauté qui touche au-dessus et par delà les mots. Ils descendent lentement, doucement, vers le cœur et le pénètrent, et « les inoubliables fêtes » qu'ils ont vécues en secret, deviennent les nôtres. Nôtres aussi, ces impressions, ces souvenirs doucement tressés en poétiques guirlandes. Nous aimons, avec eux, la mer, les champs, les prés, les bois, les fleuves, les larges horizons :

Ce qui fait que la vie est quelquefois légère.

Les vers du FLUTIAU DÉLAISSÉ de CHARLES BERJOLE, toujours doublés d'âme, nous enchantent par leur sensibilité, par la limpidité délicate, la jeunesse, la pureté de leurs sons, magnifiquement épandus sur nos paysages angevins :

On les chante, on en rêve, on en a le cœur plein.

L'OUEST

(HENRY CORMEAU)

« On m'avait fait annoncer que ce serait LE MISSEL, de CHARLES BERJOLE, qui paraîtrait, second de la série, au « Bibliophile Angevin ». Mais, nul n'est prophète ; l'auteur et l'éditeur se sont ravisés. BERJOLE a revu et remanié le gentil recueil de poèmes dont j'avais déjà eu occasion de louer les qualités sentimentales dans L'OUEST du 29 février 1912, et

C'est ce livre, le FLUTIAU DÉLAISSÉ, que va publier sous quelques jours le « Bibliophile Angevin ». LE FLUTIAU DÉLAISSÉ, cela pastiche un tantet certains noms de tableau du dix-huitième siècle comme les choisissaient les Boucher et les La Tour ; ne semble-t-il pas que ce titre quasi patois, avec sa gouaillerie populaire persiflant sa propre détresse, traduit comme le renoncement de celui qui naquit poète et dont la destinée a fait, tard, un peintre, parce que l'idéal ne nourrit pas ses élus ?

Livre savoureux, livre délicat, auquel la souscription des lettrés va enfin permettre d'éclore dès que triomphera tout ce qui dépend du printemps. A moi, il m'en a été donné l'avant-goût sur les bonnes feuilles que, par un privilège de l'âge, BERJOLE mal portant et son sympathique éditeur André Bruel m'ont fait tenir. Je suis le vieil ami devant qui l'enfant de la maison répète son « compliment » avant de le réciter sur la scène, en public, et il m'enchante, ce « compliment », dès la première mesure de son rythme. Pour prolonger l'image, c'est à se demander comment un gamin d'école primaire, qui a quitté la classe à l'âge de treize ans pour aller gagner sa vie chez Bessonneau, a pu par lui-même s'affiner au point de créer cette poésie embaumée de ce bouquet, ces sensations subtiles comme celles qui stupéfient l'élite, ces demi-teintes révélatrices de tant de beauté dans le paysage et dans l'amour, ces morbidesses des tons et de la voix qui contiennent et simplifient l'illusion en même temps que la sonorité.

Là, le mot *rêve* revient coutumièrement, instinctivement, rimer avec le mot *trêve*, exigeant ainsi de notre compassion fraternelle pour cette âme malheureuse de travailleur intellectuel, tué par les soucis matériels de la vie et qui ne réalise pas assez de *trêve* pour clarifier le *rêve* troublant, qui ne se forge pas les loisirs suffisants pour identifier et stabiliser son idéal.

Bruits vains, vous n'ouvrez pas la maison de nos âmes !
La gloire, c'est d'avoir semé de la beauté.

Le Flutiau délaissé comprend soixante-quatorze pièces réparties sous cinq sous-titres : la Parure de l'Heure, Provinciales, les Tendresses, Héroïnes et Figures, le Prisme intime, en tout cent-cinquante et quelques pages bien pleines et presque sans déchet. La Parure de l'Heure fait le tour de l'an pour ramasser des impressions de temps et de nature ; Provinciales, réplique blagueuse — comme les rapins les aiment — du titre de Pascal, met en cause des aspects vieillots, des choses démodées de notre Anjou ; les Tendresses forment le domaine hanté des obsessions et des embrouilles de l'amour, et c'est la partie la plus inspirée, la plus émue du livre ; Héroïnes et Figures retiennent au passage quelques-uns de ces personnages dont l'Histoire a tiré des symboles ; le Prisme intime, jumeau de Tendresses, confesse à mi-voix les regrets dont « notre âme est toujours comme un peu veuve » où les désirs qui éploient leurs ailes pareillement à des voiles en partance.

Seulement, ainsi que dans tous les recueils, la classification dépend du ressort intime de l'écrivain et tel poème qui a son rang dans Le Prisme intime, comme par exemple Les Miroirs, trouverait une place aussi aisée parmi Les Tendresses sans que l'ordre soit aucunement dénaturé. Il a pu se faire qu'à un moment les pièces aient offert chacune un relief plus distinct ; aujourd'hui l'on dirait que la tempête, en tombant, s'est égalisée dans ses éléments et que c'est la même eau, pittoresque et pensive, partout.

Ah ! ne reste pas seule avec les grands miroirs...
Il faut si peu pour faire un instant revenir,
Par delà le secret de leurs eaux verticales,
Quelque chose qui n'a pas fini de mourir.

Comme ces vers battent bien du même cœur, vivent bien de la même vie que Attente, Ton enfance, La Peur du soir, L'Etrangère, Dans longtemps.

Lorsque je serai seul et très désespéré,
Par les soirs d'abandon, tout au fond de moi-même,
A mon secours, tout bas, je te rappellerai...

Tu viendras au miroir terni du Souvenir,
Au décevant lointain des choses disparues...

J'entr'ouvrirai pour ces bonheurs miraculeux
La chambre de mon âme où veille la tristesse
Et ce sera très doux pour mon cœur douloureux,
Ce fantôme léger penché sur ma détresse.

Il y a à la page 140 un sonnet en l'honneur de Joachim du Bellay qui figurerait en aussi bonne position dans la petite Patrie des PROVINCIALES avec les vieilles maisons, les églises paysannes et les autres pauvres choses si touchantes sur l'Anjou.

Lisons OCTOBRE, placé dans la première partie :

Alors, dans la maison où veillent des lumières,
Elle occupe à nouveau les pièces coutumières ;
On dirait que son ombre a terni nos bonheurs
Et qu'avec le regret du passé qui s'effeuille,
De l'an qui fuit, de la nature qui s'endeuille,
L'inéluctable Nuit chemine vers nos cœurs.

Et quand nous arriverons dans la troisième partie, à LA PEUR DU SOIR,

Quelqu'un de bien aimé clôt ses yeux au soleil,
On dirait qu'au profond d'une vieille demeure,
C'est peut-être le Soir, le grand Soir qui t'apeure...

on verra bien que c'est la même émotion se renouvelant par deux soirs identiques. Mais elle se renouvelle de la sorte si poignante, et d'autre part si mystérieuse, engendrée si visiblement une première fois, puis une seconde fois de nous-mêmes, que c'est une douceur de l'accueillir et BERJOLE traduit dans un langage si adéquat cette terreur imaginaire, il en façonne si aimablement la poésie de deux jolis poèmes que, sans regarder davantage aux numéros d'ordre, je ne me fais de tout cela qu'un prétexte pour doublement le complimenter.

LE FLUTIAU DÉLAISSÉ : débuts heureux d'un peintre qui muse et qui bricole en se faisant la main, peintre d'aquarelles, de pochades, de tableautins, excellant aussi dans les enluminures, les eaux fortes, les bois gravés, les illustrations, les petits dessins. A la page 59, pièce intitulée DANS LE MATIN, BERJOLE évoque une image de la grande ville tentaculaire, entrevue toute bleue parmi « des guenilles de brume » et que j'ai aperçue depuis lors, exprimée sur une toile, avec « l'orgueil de ses clochers où des métaux s'allument » et de ses hautes cheminées bavantes de fumée dans le brouillard... Est-ce la maison du bonheur dont il parle ailleurs ? je me souviens de l'un des tableaux de sa dernière exposition chez Lasneret, une maison qu'il avait rapportée de la Creuse, penchée au bord d'un vieux chemin raviné, assombrie du sentiment mélancolique de l'automne, regardant sous un peu de soleil mort passer une femme en deuil comme on regarde, comme on rappelle quelqu'un qui vous a pris votre âme et qui vous trahit, une maison de silence et de cauchemar, une maison abandonnée, une maison où l'on ne fait plus de feu, comme il y a des gens qui rêvent et qui ne peuvent pas crier parce qu'ils ne trouvent plus leur voix...

A toute page, dans ces poèmes d'une jeunesse grave et mièvre, la nature et l'amour s'entendent célébrer avec une ferveur expressive et pour ainsi dire minutieuse qui remémore en poésie ce qu'étaient en peinture les maîtres de Hollande. Que n'ai-je la place pour conter à loisir la jouissance apportée à un vieil écrivain par cette écriture de début, confidentielle, comme un murmure, sensible comme un cœur d'enfant, toute pantelante de sa naïveté et de son art !

Les Automnes et les Soirs, surtout, sont là multiples et comme en famille, languissants et pourtant prompts à revenir ainsi que dans la réalité, ne se ressemblant pas de tout point et reconnaissables néanmoins à la même moue de morosité, ne formant qu'un sous leurs traits divers et leurs divers effets, mais pomponnés chacun de phrases tendres, colorés de mots câlins qui ressortent dans le mauve du crépuscule ou dans le violet de brumaire comme l'émail sur le cristal :

L'Automne :

La treille s'est rougie au-dessus de ma porte,
Bel été, je sais bien que tu vas défaillir,
Puisque déjà je vois l'Automne s'en venir
Et la campagne ainsi qu'un visage de morte...

La Terre va dormir ; sous les cieux gris et blêmes,
Elle sourit encore une dernière fois
A l'automne qui meurt paré de chrysanthèmes...

Du mystère s'effeuille aux paysages flous,
Comme un tulle adorable est tombé sur les choses...

N'aimerais-tu donc plus les dernières douceurs,
La majesté puissante et triste de l'Automne...

Le Soir :

Le Soir dit au Jardin quelque merveilleux conte,
Car toutes exaltant leurs âmes de parfum,
Les fleurs, les douces fleurs qui vont mourir demain,
Ecoutent sa parole adorable qui monte...

Le ciel est d'un vert fin par-dessus les toits noirs,
Des angélus légers languissent et se meurent...
Voici que le beau Soir va céder à la Nuit,
La Maine nonchalante a rafraîchi la ville...
Le parfum des tilleuls s'abaisse et s'alanguit,
Une autre étoile naît, une autre encore scintille,
En jardin fabuleux le ciel divin fleurit.

La fin d'un jour d'été de notre Anjou sereine.
L'or d'un soleil oblique éclaire les lointains ;
Une branche, sous une imperceptible haleine,
Se balance et déplace un peu de son parfum...

Le crépuscule est doux sur la ville qui rêve
Et le ciel est semé de pétales de fleurs...
Un angélus de fer à petits coups descend...

Il serait aisé d'en citer beaucoup plus, mais s'agit-il de soutenir une thèse ? On peut s'assurer que, d'un bout à l'autre du cahier, l'AUTOMNE ET LE SOIR, avec leur cortège d'alarmes, alternant à la manière de ces complaintes que l'on entend dans des lointains différents se donner l'écho par les belles nuits mystérieuses et qui sont comme un appel d'outre-terre à l'esprit de la substance, un appel de l'idéal à la merveilleuse réalité.

Si CHARLES BERJOLE marque une pareille prédilection pour l'automne (*l'été n'est pas pour nous, ma sœur, tu le sais bien*) et pour le soir (*et le supplice cher, dans la tiédeur du soir, de pleurer dans les bras de glace du Silence*), c'est qu'il recherche et chérit la tristesse, il est un amant de la Douleur. L'enfant pâle qui a, dès la fleur de sa vie, déniché le secret défendu au fond des livres, qui étouffe son pas pour surprendre les arcanes de l'amour, ne laisse pas de goûter à la volupté de la joie quand personne ne le surveille pour le réprimer. Il tend l'oreille à tel vieil air d'autrefois *que durent écouter nos lointaines grand'mères, dont la gaîté se fait un peu grise parfois, comme aux anciens pastels les roses éphémères.* Il ouvre les narines dès que *l'air que l'on respire a le goût du printemps.* Il suit Ophélia vers l'étang, il se complait aux contes de Schéhérazade, il ne veut pas être l'indifférent pour les dames de jadis dont il a contemplé les portraits dans Versailles : *Je saurai le secret de vos âmes aimantes, de vos lèvres d'amour ou de simple plaisir.*

Il se réjouit encore quand *les pieds nus du printemps*

descendent des collines. Par un soir très doux à la terre, il se sent une âme légère comme le bel été d'amour. Il croit parfois avoir frôlé la robe du Bonheur, le jour lui fait l'effet de ressembler à du rêve. Mais *la songeuse Tristesse assise dans son cœur* ne laisse pas la longue trêve. Toujours *les sombres lendemains, après les rondes folles et les sanglots suivant l'éclat des farandoles.* Et vite le retour en soi s'accomplit :

Allons vers le jardin caché de notre enfance,
Vers les beaux jours vêtus de robes d'innocence.
C'est l'asile certain.

Et aussi, il y a en lui quelque chose qui ne s'abandonne jamais. Il appelle l'amour et il en a peur :

Mais toujours j'ai l'effroi d'un bonheur qui s'avance,
Et voilà que j'ai peur du printemps qui commence
Et j'ai peur du sourire et j'ai peur du baiser.
La Tristesse est assise au cœur de toute joie
Et sous le ciel léger d'opales et de soie
J'écoute en frissonnant venir le temps d'aimer...

Un peu plus loin, plus tard, il a peur du bonheur même :

J'ai le subtil effroi qu'on a de ces demeures
Où l'on sait qu'au seuil clair un bonheur vous attend.

Il y a parmi tant de spleen, des choses littéraires quasi puériles, mais si charmantes de leur enfantillage même, une pudeur d'âme qui court à la première alerte se cacher parmi les saules. S'il regrette le passé, s'il songe à redevenir enfant, c'est que *seuls les tout petits, dans leur cœur enfantin, ont un printemps tout neuf qui naît chaque matin et vivent en secret d'inoubliables fêtes.* Et, cependant, par une contradiction de sa constante inquiétude, quand il enseigne le chemin du bonheur à son enfant, que lui conseille-t-il ? Il lui conseille de prendre toutes les émotions, d'aimer *ce qui fait que la vie est quelquefois légère*, de glaner des souvenirs pour en respirer plus tard *l'odeur de thym et de lavande*, il lui conseille d'être poète, comme lui, et que pourrait-il lui conseiller d'autre, vraiment ? N'est-ce pas la meilleure, l'inépuisable richesse, cette richesse des pauvres artistes ?

Ces vers de CHARLES BERJOLE, on ne les connaissait point, nul ne les connaissait. On savait que ce peintre était poète ; il avait donné ici ou là quelques strophes, pas toujours forcément celles qui comptent le plus et d'ailleurs, à l'attention, il faut la suite. Il était entendu, comme dans les préjugés, que BERJOLE était quelqu'un. Seulement, qui était-ce ? Tout le monde le jugeait et personne ne savait ce dont était au juste capable cette personnalité infiniment captivante inclinée sur son présent difficile et sur son passé douloureux.

Eh ! bien, on le saura désormais ; voilà cette pauvre histoire d'un peu de bonheur que l'on croit tenir avec la peur qu'il vous échappe, la peur de ne pas le prendre tout — qui est si peu — tandis qu'il passe à votre portée et que vous sentez bien qu'il ne vit, comme la rose dans les épines, qu'un matin ».

L'OUEST

(AIDA DE ROMAIN)

« J'aurais dû parler, dès son apparition, de ce livre délicieux de douceur et d'intimité, intitulé : LE FLUTIAU DÉLAISSÉ, et qui fut édité, voici deux mois, à Angers, chez André Bruel. Mais la marche actuelle du monde est si contraire, si hostile à ces floraisons d'un lyrisme raffiné qu'on n'ose guère élever la voix en faveur du poète.

Ce livre est là devant moi m'incitant au remords, et à

mesure que j'en relis les pages suaves, mon remords devient plus lancinant. Ces subtiles mélancolies, ces tendres dévotions, ces chères et justes images de mon pays eussent mérité des éloges immédiats et un plus fraternel accueil

Nous savions que M. BERJOLE était un peintre doué d'une vive sensibilité et capable de traduire avec amour les décors et les êtres choisis par son pinceau. Et quelques-uns d'entre nous, collaborateurs d'ANGERS-ARTISTE, en ce temps déjà lointain où l'on pouvait sans mentir appeler Angers l'*Athènes de l'Ouest*, connaissaient aussi les dons lyriques de M. BERJOLE. Mais ces dons s'extériorisaient rarement et « LE MISSEL », petit acte en vers adroits et délicats, n'avait pas suffi à convaincre le public angevin qu'il écrivait comme il peignait — je veux dire qu'il écrivait aussi bien qu'il peignait — et non dans une manière *parallèle*, car LE FLUTIAU DÉLAISSÉ révèle une couleur d'âme plus primitive, une poésie plus limpide que les toiles qui furent l'orgueil des Expositions des *Amis des Arts* et de la vitrine Lasneret.

Ce qui frappe le plus quand on s'attarde sur des poèmes tels que LE SOIR DE FÊTE-DIEU, L'AUBERGE, LA PETITE VILLE, LES CONTES BLEUS et les paysages des bords de la Loire notés en quelques vers affectueux, c'est l'extrême simplicité des conceptions et de l'écriture de M. BERJOLE. Je ne veux pas dire que les sentiments exprimés par lui soient banals ou monotones — le cœur du poète est toujours un merveilleux labyrinthe d'impressions multipliées et contradictoires — mais les mots qu'il emploie sont ingénus et sans apprêt. Il ne court pas après l'*épithète miraculeuse*, il n'a pas le désir d'*épater le bourgeois*, il n'ambitionne pas le terme rare, il ne collectionne pas les obscurs symboles, et pourtant il dit ce qu'il veut dire, il peint tout ce qu'il veut peindre. Cette simplicité naturelle et facile qui n'a rien d'une simplicité de commande est le grand charme de ce FLUTIAU DÉLAISSÉ. Prenez-le après avoir lu quelques-uns des poèmes récents publiés par LE MERCURE DE FRANCE ou LES NOUVELLES LITTÉRAIRES et vous vous sentirez comme si, ayant quitté les dédales d'un de ces parcs anglo-munichois qui, au sein d'une ville, imitent péniblement la nature, vous arriviez dans un vrai jardin de curé négligemment orné de lis vivaces. Les rythmes et les cadences viennent sans heurt et sans peine frapper notre oreille, les sonnets ne révèlent pas un laborieux travail de ciselure, les jongleries prosodiques sont bannies, les rimes ne sont ni riches ni pauvres, les strophes se suivent et s'enchaînent aisément, normalement, comme les trilles du rossignol succèdent aux vocalises du rossignol dans la nuit lunaire. Et ces vers lucides, transparents, réguliers, ces vers sans parures excessives, sans détours, sans vanité, sans vêtures alambiquées ont pourtant un charme pénétrant, une profonde douceur, une secrète et triste et sincère éloquence. Ils font songer vaguement à Verlaine, à Gregh, à Magre, à Maeterlink, à Rivoire, non pour leur forme, mais pour certains accents pareils et certaines apparences semblables. Il ya a dans LE FLUTIAU DÉLAISSÉ, cependant, plus d'émotion chaleureuse et candide que chez les Poètes dont je viens de citer les noms.

Certains vers faisant d'ailleurs partie de la série intitulée : *Tendresses*, exhalent, en effet, une tendresse infinie et sont un pur élan de *cœur à cœur*.

Vois, nous sommes cachés tout au fond des années
Tout au fond de l'oubli, tout au fond de l'amour...
Je t'attends... ce m'est comme un fabuleux voyage
Que j'aurais commencé vers toi... depuis toujours.
Quel est ce vent de joie au-dessus de mon cœur ?
Ai-je effleuré du doigt la robe du bonheur ?
Car voici que le jour est semblable à du rêve
Et j'ai peur que l'instant adorable s'achève !
Oh ! c'est vous qui passez tout doucement en moi,
Et ce doit être alors, mon amour, de savoir
Que tout le long des ans jusqu'au suprême soir,
Vous serez mienne ainsi dans le fond de moi-même
Que mes yeux sont tout pleins de pleurs, tant je vous aime !

On se demande si l'on ne préfère pas les chastes et graves ferveurs de cette âme contenue, aux belles luxures d'un Samain, aux sensualités érudites d'un Régnier, aux hardies passions des Sapho modernes dont s'étonne Ch. Maurras dans L'AVENIR DE L'INTELLIGENCE. Les tendresses épanchées par M. BERJOLE ont quelque chose de touchant et de mélodieux qui repose des excès de romantisme ou des tentatives savantes vers de savantes voluptés, de nos poètes contemporains, quand ceux-ci toutefois ne jouent pas à la *Pureté*, à l'immatérialité, au dédain de la chair, ce qui alors devient irritant, faux et inconvenant à peu près comme LE RÊVE de Zola.

On trouve aussi dans LE FLUTIAU DÉLAISSÉ d'élégiaques coins de paysage que l'auteur vit d'un conscient regard d'artiste. J'ai toujours envié cette lucidité spéciale avec laquelle les peintres contemplent les décors de toutes sortes. Ils découvrent certainement dans les jeux de lumières et des ombres, dans les visages de l'univers et même dans les aspects champêtres en apparence les plus déshérités, des grâces que, moins attentifs et moins informés, nous ne percevons pas du tout. C'est un peu en vertu de ce don de *spécialiste* que M. BERJOLE nous émeut avec un ou deux tableaux provinciaux où il a trouvé de mystérieuses et inattendues beautés.

Il y croit, lui, à cette insigne et fidèle *âme des choses*, que les Philistins n'aperçoivent jamais parce qu'ils regardent les choses comme si elles étaient destinées uniquement à leur usage ou à leur plaisir et qu'ils considèrent les grands chênes ou la mer divine utilitairement, les uns pour leur donner de l'ombre, l'autre pour leur servir de baignoire. Découvrir l'âme des choses, c'est sans doute la plus précieuse faculté de l'artiste et du poète. Le Barde Angevin qui nous occupe et qui est aussi un peintre, rassemble donc en lui deux raisons d'atteindre et de traduire la signification spirituelle, le rayonnement psychique d'une petite maison, d'un détour de chemin, ou de quelques images suspendues aux murs d'une auberge rustique. Et il crée du rêve avec d'humbles spectacles, d'humbles lambeaux de banale existence.

Bonne auberge, romantique et paresseuse,
Avec ses bahuts de noyer ciré, ses dressoirs
Chargés d'assiettes enluminées,
Où l'histoire de Napoléon Ier est dessinée.
On voit au long des murs des images naïves
Du temps où les enfants allaient à l'école.
Il y a sur ces papiers Geneviève de Brabant
Et son mari, seigneur redoutable et puissant,
Et la voilà toute nue dans la forêt,
Toute nue, grelottante et bien triste.
Mais à l'autre tableau, le puéril artiste
A suscité un cavalier sauveur jeune et beau
Costumé mi-partie émeraude et ponceau.
Ah ! c'est tout le merveilleux, ces humbles images,
Avec leurs rois barbus, leurs fleurs, leurs paysages,
Et pour moi se tient close en ces feuilles moisies,
La divine, éternelle et douce poésie !

....

La divine, éternelle et douce poésie, je m'arrête sur cet alexandrin paisible en apparence, mais qui contient pour moi une sorte de profession de foi et le trait le plus sympathique du talent de M. BERJOLE. Celui qui l'écrivit sent passer sur le monde depuis le faîte des cathédrales jusqu'aux pavés de la ruelle, et sur les âmes depuis celle de Dante enfermée dans Ravenne jusqu'à celle des laveuses des quais de la Maine, ce souffle mystérieux et puissant qui peut tout béatifier, tout transfigurer, tout sanctifier...

La divine, éternelle et douce poésie, trésor que vous rencontrerez souvent à des degrés différents à travers les pages du FLUTIAU, plus assoupi, mais non moins présent, dans les petites pièces du début du livre, plus manifeste dans le beau REMBRANDT dédié à L. Philouze, dans le CENTENAIRE DE MUSSET où une fantaisie imaginative charmante fait surgir les plus pittoresques évocations, dans les VERS ÉCRITS APRÈS LA

ICTOIRE DE LA MARNE, si nobles d'allure, si palpitants de lennelle émotion.

La divine, éternelle et douce poésie dont se débarrasse univers contemporain, à mesure que l'architecture du fer mplace l'architecture du marbre, à mesure que le culte du uscle et de l'or se substitue au culte des dieux et des héros. *La divine, éternelle et douce poésie*, seule raison cependant our l'élite, sinon pour la multitude, de pardonner à la vie umaine et quotidienne d'être la vie humaine et quotidienne.

Et voici un livre encore qui ne connaîtra pas un gros succès e librairie. Il va se ranger dans la catégorie un peu périmée es bijoux sans emploi et des bénédictions sans utilité, dans n domaine fermé, où cependant quelques fidèles aimeront sa râce transparente, sa *sensibilité meurtrie* et ses faternels panchements. Et, bien que le banquier et le communiste nternationaux ne le hantent guère, ce domaine demeure euplé de la plus miraculeuse façon. LE PÈLERIN PASSIONNÉ trouve encore quelques beautés vouées à une mort plus ou oins prochaine et d'autant plus éloquentes : jets d'eau de la illa d'Este, petites églises croûlantes de la vieille Ile de rance, jardins d'aristocrates... et toutes les œuvres qu'on 'imprime ni ne réimprime plus parce qu'on y parle des dieux t des anges.

Peut-être faut-il plaindre encore plus que haïr ces temps et es hommes nouveaux que célébraient les affiches électorales e 1924, hommes qui n'apprendront plus le latin, qui ne erront pas la pauvreté d'un destin sans « longs espaces pour a rêverie » et tout concentré entre trois ou quatre réalités rutales et immédiates, hommes qui bâtiront les cadres ouveaux, c'est-à-dire qui mettront un cinématographe dans s arènes de Vérone et des tramways dans Venise ! — Contre ux, et tout seul, et pauvre, et faible et armé uniquement de on FLUTIAU, quand eux sont riches, et forts et nombreux, le oète a raison.

Donnerait-il une seule de ces minutes exaltées où l'indicible et l'invisible lui sont apparus, pour posséder le poing de Carpentier, la puissance d'un milliardaire d'outre-Manche ou le sceptre sanglant d'un Tchitchérine ? »

LE FEU (1)

(ALPHONSE MÉTÉRIÉ)

. . . .

« En considérant le grand réveil qui, du Nord au Midi et de l'Est à l'Ouest, exalte l'activité créatrice des provinces, que de fois n'ai-je pas songé à une sorte de « Géographie poétique de la France » — qu'on se rassure, je ne l'écrirai pas — où plus librement et moins sèchement que dans les florilèges semi-officiels serait tendrement dessiné, à l'aquatinte, le clair visage de nos villes les plus aimables et de leurs plus authentiques poètes.

Et ce rêve m'est justement venu l'autre jour en écoutant chanter, non pas le rossignol comme on le pourrait croire, mais la voix juvénile et touchante d'un flutiau délaissé... LE FLUTIAU DÉLAISSÉ : sous ce titre d'une rusticité, d'une modestie et d'une mélancolie plus poignantes qu'il n'y paraît, un ami de CHARLES BERJOLE, peintre et graveur angevin, vient de réunir les poèmes de sa vingtième année que cet enfant multiplement doué éparpillait jadis, entre deux tableaux ou deux bois gravés, dans des revues locales et autres.

Si j'ai des raisons particulières de chérir et d'admirer ces poèmes touchants et beaux dont l'auteur sait bien que nous sommes quelques-uns à pouvoir soupirer en secret, presque autant que lui-même : *ce livre est toute ma jeunesse...*, on comprendra vite pourtant qu'il en soit parlé publiquement

(1) Organe du régionalisme méditerranéen.

:i : je n'ai pas dit encore que ce recueil d'une fraîcheur et 'une pureté infiniment rare, est édité par André Bruel, sous firme du « bibliophile angevin », à Angers. Les lecteurs du 'EU, s'ils se souviennent que le tiers chef de leur vieille apitale aixoise porte « d'azur semé de fleurs de lys d'or avec ne bordure de gueules », *qui est d'Anjou*, tous les amis des onnes éditions provinciales, et les fervents enfin de poésie éritable, s'étonneront-ils qu'on tienne à honneur de leur ignaler ici l'œuvre d'un poète « marqué du Signe » et digne tant de titres de leur amitié ?

Leur signaler, sans plus. Il est toujours assez vain de ommenter un recueil de vers, — ou j'aurais dû au moins out lui consacrer de ces lignes. Il n'est plus temps. Et puis, e n'aurais pu le faire sans évoquer un peu du décor où cette oésie de roses blanches à la Francis Jammes, de nostalgies à a Rodenbach et de tendresse à la Samain, s'épanouit sous ce âle azur taché de fumées blondes que du Bellay regrettait ant à Rome...

***

S'il est des lieux *où souffle l'esprit*, il en est d'autres, plus umbles mais plus secrets et tout aussi chers, que notre eunesse, ses Souvenirs, ses joies, ses chagrins surtout — et 'exil peut-être, parent à jamais d'un nébuleux halo de rêve our lequel il n'est pas d'autre mot que celui de : poésie. Cette poésie, qui ne se révèle à certains qu'avec la magie du emps et de la distance, BERJOLE, plus sage et plus sensible, n a toujours senti de suite et sur place la prenante et triste louceur :

J'aime mieux ma province au visage d'hiver,
J'aime mieux sa tristesse et sa beauté fanée
Et les simples chemins où ma vie est tracée.

Oui, nous avons tous, même les plus déracinés d'entre nous,

notre *aigre Lorraine* que nous préfèrerons toujours aux plus fameux paysages.

Et BERJOLE a beau, parce qu'il est poète, pousser lui aussi son *Fuir ! Là-bas fuir !...* et soupirer :

Respirer la senteur panique des grands bois,
La bruyère mouillée aux plaines matinales,
Le parfum suranné des cités d'autrefois,
Et l'haleine de feu des jeunes capitales !

Comme il préfère, malgré tout, la Maine, le *Château*, les ruelles du *Bout du Monde* et les décors sans faste des Ponts-de-Cé, de Port-Thibaut ou des Rosiers à tous les pays du monde... Comme l'Anjou l'a inspiré, comme sa ville l'a envoûté ! Un André Godard, que personne encore n'a mis à sa vraie place de grand écrivain, perpétuellement, tragiquement balancé entre les splendeurs d'Avignon ou des *routes d'Arles* et les charmes dolents de la Loire royale, a dit dans une prose lyrique incomparable l'emprise de ces paysages de langueur et *qui chantent si peu*, de ces horizons nuancés, mesurés, endormis, de ces villages heureux des bords de la Loire, de ce ciel sans éclat sur un cœur exalté, instable et assoiffé d'Ailleurs.

Mais qui voudrait s'exercer, plus humainement, à ces monographies un peu chimériques auxquelles je faisais allusion tout à l'heure, on lui conseille, on lui souhaite de pouvoir uniement décrire, un peu dans la manière de ce délicieux roman anglais de LA VILLE ENCHANTÉE ou de ces autres *délices* que Vaudoyer rapporta d'Italie, la simple *doulceur* de l'Angers d'avant-guerre...

Temps anciens, jours bien-aimés, a dit Cophetua. C'est vrai. La musique était l'âme vivante de ces jours passés — et rien ne pourrait d'ailleurs s'écrire sur *la bonne ville du roi René* d'alors sans qu'y soit mêlé le nom de Louis de Romain, animateur de toute la vie spirituelle en la cité heureuse. C'était le beau temps des Concerts Populaires, alors en pleine gloire, et qui depuis... Le temps où nous étions trois (sur 80.000 habitants) pour nous arracher, à la Librairie Mook, l'unique numéro de LA NOUVELLE REVUE FRANÇAISE. qui depuis... Le temps où dans sa belle demeure des Rangeardières nous accueillait M. René Bazin, qui depuis... Au café Gasnault, Dulac montrait ses premiers dessins, un autre ses premiers vers, et M. Cointreau expliquait à Vincent d'Indy, hôte passager de l'ATHÈNES DE L'OUEST, la Symphonie cévenole. Les jours de Fête-Dieu, les grands boulevards et les petites rues se drapaient de tapis, de fleurs et de feuillages, et la Cathédrale sortait, comme une robe de reine, ses tapisseries éternellement belles et fraîches sur lesquelles veillait amoureusement M. le chanoine Urseau, conservateur. Aujourd'hui, le chanoine Urseau a la Légion d'honneur, mais la ville a bien changé, dit-on.

Vous savez maintenant pourquoi j'avais raison d'hésiter à feuilleter trop longuement avec vous ce livre émouvant : à cause de tout cela, et aussi parce que le plus beau, le plus tristement beau me reste à dire de BERJOLE : c'est sa vie.

J'en emprunte les détails essentiels à la notice fervente que Marc Leclerc, autre méconnu, lui consacre dans ses remarquables POÈTES ANGEVINS D'AUJOURD'HUI, et je serai bref.

CHARLES BERJOLE né à Angers en 1884, et de très modeste origine, entre à *treize ans* aux manufactures Bessonneau : il gagne successivement sa vie et celle des siens comme ouvrier, aide-comptable chez un marchand de vin, secrétaire d'un impresario, commis architecte, etc. Sa vocation irrésistible et ses dons étonnants font de lui, à seize ans, un dessinateur et un peintre qui commence comme il le dit lui-même, *à dessiner un peu de tout :* programmes, affiches, réclames, intérieurs de salons, décors de carnaval et de théâtre, du fer forgé et des dentelles, et dont s'affermissent d'année en année le talent et la maîtrise. Dans l'intervalle, au milieu des besognes écrasantes et quelconques, entre deux leçons (car il fait du professorat), entre deux toiles, il lit, rime, écrit du théâtre en vers. Avesnes et Léon Philouze font passer quelques-uns de ses poèmes au CORRESPONDANT. Ami de Gobô, BERJOLE, que tous les procédés de son art et toutes les questions de technique attirent et retiennent, s'attaque à l'eau-forte, puis au bois. Son œuvre de peintre et de graveur est déjà considérable.

Après vingt ans et plus de travail acharné, professeur à cette Ecole des Beaux-Arts qui le vit enfant, il a atteint à force de courage, de ténacité et de probe ferveur, sinon la gloire, promise, hélas ! comme il convient, à d'autres habiletés ou à d'autres chances que les siennes, du moins la juste, la pleine admiration de ses pairs, et — à défaut de la fortune, cette *heureuse pauvreté* qui suffit aux poètes. A son foyer charmant, deux têtes blondes sourient, devant lesquelles on songeait à tels beaux vers d'AUX FLANCS DU VASE : mais *la présence auguste du bonheur*, on tremble de l'évoquer aujourd'hui... En plein essor de son talent, en pleine maturité de ses forces, au seuil même du succès si magnifiquement mérité et enfin si durement conquis, BERJOLE vient d'être brusquement terrassé par la maladie qui, en lui arrachant ces crayons, ces pinceaux charmants, nous vaut, à nous, l'enchantement amer du FLUTIAU DÉLAISSÉ : car je l'ai dit, c'est un généreux ami, l'éditeur André Bruel, qui recueille, en effet, ce chant des jours heureux dont un ironique destin veut qu'il adoucisse ainsi le temps d'épreuve du poète. On réunira vraisemblablement dans le même but LE MISSEL, UN JOUR DE WATTEAU et un à-propos pour les fêtes de du Bellay, qui constituent le théâtre en vers de BERJOLE.

Nous souhaitons qu'on édite pareillement un album de ses principaux bois gravés, où se trouvent d'exquises réussites.

Mais nous pensons en avoir assez dit ce soir pour être entendu, et pour qu'au laurier noir que lui tend l'invisible Muse, les amis inconnus de CHARLES BERJOLE joignent — et puissent ces pages les y pousser, les fruits plus humains, hélas ! et plus urgents, de leur sympathie fraternelle et de leur agissant amour ».

PARIS-SOIR

(Les Académisards)

On a dit de M. Charles Berjole qu'il s'opposait à la fois aux recherches de voluptés byzantines et aux prétentions ascétiques des poètes en vogue, tant il y a dans sa poésie de vraie saveur et d'ingéniosité sensible. Il s'oppose aussi, en réalité, à ceux des contemporains qui chantent la vie, non seulement en profondeur, mais encore en intensité. Il ignore leurs raccourcis, leur effort de concentration, la joie âpre qu'ils éprouvent à évoquer un monde par le choc de deux sobres mots : il aime, au contraire, la douceur et la langueur des développements et il ne craint pas de nuancer tout au long ses tendresses et ses émerveillements.

Tel qu'il est, M. Charles Berjole s'affirme l'un des plus riches poètes régionalistes d'aujourd'hui. La suavité molle des paysages angevins, la lumière chaude et rose qui enveloppe les choses en été dans sa province heureuse, la quiétude qui en berce les habitants et les hôtes, règnent délicatement sur son inspiration et embuent de rêve ses concerts, ses élégies et ses hymnes. Enfin, la précision des tableaux qu'il brosse çà et là en quelques vers, rappelle que M. Charles Berjole est aussi un peintre, un peintre vigoureux et subtil. C'est à ce caractère surtout que Le Flutiau délaissé doit sa valeur et son attrait. En effet, le côté sentimental et intimiste de l'œuvre ne peut qu'en affaiblir la netteté et que noyer d'un peu de *romance* l'acuité d'observation de l'auteur.

Sans doute est-ce à l'influence de sa main que M. Charles Berjole doit cette atténuation de ses dons plastiques. Son admiration pour l'art de M. Francis Jammes aurait pu, semble-t-il, le rendre naïvement à lui-même, tant elle incite au dépouillement. Mais M. CHARLES BERJOLE domine d'assez haut ses propres goûts littéraires pour marquer seul sa personnalité. LE FLUTIAU DÉLAISSÉ est un beau livre, plein de sève et de ferveur, semblable à la Madone de l'un de ces *imagiers* d'antan que le poète a si bien chantés ».

***

Après le FLUTIAU DÉLAISSÉ, les projets ne purent aboutir, la maladie et la souffrance tenaillaient le malade et pourtant dans cette période il écrivait à son jeune ami Jean A. Mercier :

Je viens encore de passer quelques jours très mauvais... enfin j'espère toujours que cela marchera mieux, demain ou après demain......

Je n'ose vous écrire que je vais mieux ; le communiqué pourrait être résumé ainsi : Situation sans grand changement, rien de nouveau à signaler sur la rive droite du rein. C'est la guerre d'usure quoi !

Et ce mot à propos du chauffeur qui le conduisait à l'hôpital :

... qui demain viendra me prendre pour me mener au jardin des piqûres. »

De bons mots, le sourire aux lèvres, l'esprit toujours en éveil.

Un jour il me dit : « *J'ai un mal inoui à écrire, mais je tiens à le faire, pour que plus tard mes enfants sachent comment leur père eut un poème édité pendant la guerre :* LE VOYAGE DU BONHOMME NOEL. *Je vais vous lire cela.* »

Et voici ce qu'il lut, ses dernières pages écrites le 25 juin 1924.

A mes chers Enfants
CLAUDE et JACQUELINE

Mon cher Claudet, tu n'étais encore en ce temps-là qu'un tout petit bonhomme, et notre Jacqueline n'était pas encore venue mêler ses rires aux tiens dans la maison. La guerre depuis cinq mois dévastait le monde. Dès les premières semaines de la lutte, un grand nombre de Belges avaient dû fuir, abandonnant tous les biens, talonnés par les armées ennemies. Ils s'étaient mis en marche vers la France pour y chercher un refuge.

Des cortèges lamentables de pauvres gens couvrirent les routes des Flandres. Souvent des traînards furent massacrés par l'artillerie. Des vieillards moururent d'épuisement dans les fossés de la route. Des mamans, dans la cohue affolée perdirent leurs enfants et ne les retrouvèrent jamais. Ils y avait des petites filles, comme toi, ma Jacqueline, qui marchaient presque mortes de fatigue sur les routes défoncées par les charrois des armées. Beaucoup d'entre elles n'avaient pas voulu abandonner leur bien unique, leur « fille », et arrivèrent en France en serrant toujours leur poupée entre leurs petits bras......

Pendant ce temps leur Roi Albert Ier, comme dans les vieux récits légendaires, se battait devant les débris de son armée sur un lambeau de son territoire. Tout auprès de lui, partageant la vie des camps et ses dangers, soignant les blessés, la Reine Elisabeth était restée fidèle à son Chevalier et à son pays.

Un grand nombre de ces réfugiés furent dirigés sur Angers. On leur fit le plus fraternel accueil. Si jamais le règne de la Justice arrive, beaucoup de choses seront pardonnées aux gens de notre pays, pour la façon vraiment humaine dont on accueillit en Anjou les Belges malheureux.

Mais Noël approchait. Les braves gens qui s'occupaient de l'organisation des secours, du logement des réfugiés et de leurs enfants furent attristés à la pensée que ces petits puissent être privés de la joie qu'apporte la grande fête de l'Enfance.

Le Syndicat d'Initiative de l'Anjou organisa une distribution de jouets, une fête dite de l'arbre de Noël où tout Angers serait convié.

Le Président, M. Cochard, avait demandé à votre Papa de composer et de réciter lui-même un poème qui devait expliquer le geste et en même temps être un appel à la charité des Angevins.

Cette veille de Noël fut vraiment la « fête étrange ». Il n'y avait pas eu depuis cinq mois aucune réunion d'aucune sorte. Chacun vivait replié sur lui-même avec sa pensée, sa peine, son angoisse... et son espoir, mais le jour dit, le vaste Cirque des bords de la Maine s'emplit à craquer d'une foule recueillie, émue, étrangement silencieuse... L'immense parquet avait été réservé aux réfugiés et à leurs enfants. On y voyait d'innombrables gosses aux cheveux blonds ; des tout petits que leurs mères tenaient dans leurs bras. Près d'eux les grands-pères et les grand'mères... Le spectacle comprenait une partie de morceaux de chant et de récitation fort bien choisis, puis l'audition des chants nationaux des peuples alliés par des chœurs d'hommes et de dames de la ville.

Nous entendîmes l'hymne sévère des Anglais, la grandiose prière des Russes, l'allègre et bon enfant chant national belge. La Marseillaise *venait après.*

C'est immédiatement à la suite de ces chants que je devais réciter mes vers, précédant la vision de l'arbre de Noël, la quête et la distribution des jouets. Les chœurs chantaient à l'avant-scène ; moi, derrière le rideau j'écoutais les musiques sacrées et c'est la seule fois de ma vie que je perçus ce grand bruissement d'ailes qu'il y a dans la Marseillaise...

L'audition de ces hymnes avait créé dans l'assemblée une atmosphère inouïe. Lorsque je passai devant le rideau on fit presque la nuit dans la salle parce que, à un certain moment de la récitation la toile devait se lever et découvrir l'arbre de Noël ruisselant de lumières.

A mesure que je récitais, une émotion extraordinaire se manifestait parmi les exilés. Dans l'ombre on pleurait, on pleurait sans honte avec une sorte de soulagement.

Lorsque le rideau se leva, découvrant le gigantesque sapin comme irréel sous les lumières bleuies des projections, ce fut un ah ! d'émerveillement chez les tout petits, mais un immense sanglot souleva l'assistance.

Eclairés par les reflets de la scène, je voyais nettement, au moins les premiers rangs des réfugiés. Quel spectacle ! Il y avait des vieillards qui pleuraient le front dans leurs mains. Il y avait des mères qui berçaient en sanglotant leur nouveau-né. Il y avait juste en face de moi une femme qui tenait un enfant sur ses genoux et qui, la tête renversée pleurait, pleurait, laissant couler ses larmes de chaque côté de son visage comme deux ruisseaux qu'elle ne songeait pas à arrêter.

Votre papa, mes chers Enfants, avait bien du mal à arriver à la fin de son poème assez long et qu'il devait, pour être entendu, lancer à pleine voix dans le vaste Cirque !

Enfin le dernier vers s'envola, et si jamais j'eus quelque fierté d'avoir écrit de pauvres choses rimées, ce fut seulement ce jour-là où je sentis que ces humbles vers tombaient dans les cœurs.

Je dus revenir saluer, mais bien vite je me sauvais dans la coulisse.

Alors là, votre papa, tomba sur une chaise, et, comme les machinistes, les électriciens, comme le pompier de service, comme tout le monde, votre papa se mit à pleurer.

Charles BERJOLE.

LES SOIRS

POÈMES

DE

CHARLES BERJOLE

Les Soirs, suite de poèmes, mis en musique par Jean BRUNEAU, et que l'auteur regrettait d'avoir égarés.

LES SOIRS

Les Villes

Les Villes s'embrumant dans de fins réseaux d'Or,
Les Dômes, les Clochers, les Toits, les Cheminées,
S'étendant sous l'orgueil des Tâches terminées,
Et le CIEL bénisseur des fécondants Efforts...
Oh !! tous les dos courbés sous des fardeaux trop lourds,
Tous les yeux trop brillants dans des faces trop pâles !
. . . .
. . . .
Ne cherchez plus au loin les aubes triomphales
Et rouges se levant de l'inconnu des jours !
Le Jour de fatigue et de peine
Est fini. Oubliez la haine
Et l'effroi des trop durs demains
Oh ! Gueux très las ! Par les chemins
La NUIT doucement endormeuse
De vos désirs, de vos rancœurs
S'en vient ; laissez vos pauvres cœurs
Ecouter sa chanson berceuse.

Les Soirs d'Amour

Et vous tous ceux qu'EROS a frôlé de ses ailes,
Moissonneurs de baisers et chercheurs de frissons ;
Comme les Soirs tombants ont des minutes belles
Pour boire les divins et merveilleux poisons !
EROS, maître puissant, joins les Mains et les Bouches,
Fais couler la Tendresse aux Lèvres des Amants
Par les Soirs blonds, les Soirs tristes ou triomphants,
Les Soleils déclinés ou les Couchants farouches.

Soirs Rouges

Et les Soirs où la Plaine immense et dévastée
S'étend rouge de Sang comme un SOLEIL qui meurt...
Des cadavres en tas et là-bas dans des heurts
De Feux et de Clairons, la Fuite épouvantée... !

Voiles de Crêpes sur le CIEL
Les Corbeaux ! !
Et la GLOIRE traînant ses haillons immortels
De DRAPEAUX !

Soirs sur la Mer

Les départs, les Exils vers les Soleils lointains
A l'heure où vont briller les Feux bougeurs des Phares !
Et dans le grand CIEL clair les MONDES incertains
Reflétés en la MER comme des Gemmes rares !

Soirs de Fête

Girandoles en longs rubans
Lumineux que le vent tourmente
Et Farandole enlaçante,
Eclat de rire de Géants,

Des Musiques exaspérées
Rythment de galantes passades ;
Tournez, petites névrosées !
Amusez-vous, Enfants malades !

Et narguez les demains inconnus et menteurs ;
La Fête rit parmi le son clair des Cymbales,
L'air est lourd du parfum des Femmes et des Fleurs
Et l'AMOUR un peu gris conduit la BACCHANALE !

Soirs sur les Champs

L'Ombre mauve s'étend sur les Champs endormis,
Sur les Chaumes, sur les Labours, sur la Grand'Route...
Quelle douceur éparse aux Arbres recueillis,
Et quelle paix descend de la Céleste Voûte !

L'instant d'Amour des FLEURS ouvertes à la NUIT
Des Calices jetant à l'heure de mystère
Leurs forts Parfums comme des baisers à la TERRE,
Amante qui se donne, adorable et sans bruit !

Un Chemineau (au loin)

« Dans la GRANGE pleine
« Lon Laine ! !
« Je m'en vais dormir
« Dans la GRANGE pleine !

Le Récitant

Chemineau, ta Chanson qui passe
Et va se fondre dans le SOIR
Est la Voix de la Plaine lasse
De tout le Jour, Oh ! Gueux, bonsoir !

Les Bergers

LE RÉCITANT

Princesse de Chimères aux mystérieux Voiles
Voici venir la NUIT dans son manteau d'Etoiles !
Pourtant que tout là-bas au Village lointain
S'allument de pâles Lumières,
Et veilleuses de Morts ou Lampes de Festin,
Salut, Etoiles de la TERRE !

Soirs de la Vie

Les Soirs de Vieux sortis sur les seuils embrumés
Quand la Nuit appareille effleurant les Villages
Et quand un peu de Mort flotte aux décors aimés,
La même Ombre sur l'Ame et sur les Paysages !

Soir sur la Vie et Soir glissant sur les Chemins
Calme des vieilles gens regardant en eux-mêmes
Se dérouler le clair ou douloureux Poème
Des mauvais jours passés ou des bonheurs défunts.

EPILOGUE

Je redirai vos heures brèves
O ! SOIRS, Portiques infinis
Ouverts sur la Maison des Rêves
Et les JARDINS bleus de la NUIT !

NE plaquette signée CHARLES BERJOLE parut en librairie au début de l'année 1921. C'était une notice extraite de la REVUE DE L'ANJOU et consacrée à EUGÈNE BRUNCLAIR, conservateur du Musée et directeur de l'Ecole des Beaux-Arts, mort en 1918. Le maître laissa dans l'esprit de ses élèves un souvenir ému et vivace dont on peut juger par cette notice de BERJOLE, toute empreinte d'une piété fervente vis-à-vis de celui qui dirigea le jeune peintre, l'encouragea dans la voie définitivement choisie des arts du dessin.

Ces trente pages d'une haute tenue littéraire, dictées par la reconnaissance, forment une œuvre à part dans toute la production de BERJOLE. Ce n'est déjà plus le jeune poète, c'est le peintre qui parle et, avec les souvenirs de jeunesse, c'est l'enfant débutant à l'Ecole des Beaux-Arts d'Angers.

Ces débuts ! comme toute sa vie, une perpétuelle anxiété. Les soucis matériels, les occupations extérieures lui prenaient les belles heures qu'il eût été désireux de consacrer au dessin dans l'Ecole. Il venait là irrégulièrement et comme en fraude.

De ces difficultés il ne garda aucun souvenir amer.

« Un jour, me disait-il, un professeur ayant remarqué que je suivais trop peu son cours, voulut prévenir mes parents. Il écrivit une lettre sévère à laquelle je répondis moi-même : Les parents de Charles Berjole assurent M. le Professeur qu'ils sont heureux d'avoir reçu son avertissement et que leur fils sera privé de dessert pendant toute la semaine. »

Et BERJOLE riait encore de cette bonne farce qui le payait de ses ennuis mieux que toute autre défense.

L'élève fut studieux autant que possible. L'Ecole était un délassement à ses travaux journaliers chez le bienveillant architecte. Et puis sa main était adroite autant que son esprit ; il fut récompensé aussi largement que les élèves les plus assidus. En dehors même de la province natale, à Blois, il eut un succès enviable à quinze ans. Plus tard, le poète de vingt ans mit au service de la littérature son crayon devenu habile et l'on retrouve dans mainte revue poèmes et proses illustrés par lui : contes plaisant du CRI D'ANGERS ou de l'ANJOU

ILLUSTRÉ et les quotidiens de la région : c'est là qu'il fit l'apprentissage de l'illustration qui devait l'amener plus tard à composer des œuvres de la plus belle allure pour des livres de vers ou des éditions magnifiques de bibliophiles.

En effet, on peut suivre la filière de ses travaux dans ce genre. Après les fantaisies de revues de journaux, vient la guerre : il illustre le CRI D'ANGERS de pages pittoresques d'actualité, puis la belle édition du VOYAGE DU BONHOMME NOEL avec une eau-forte en frontispice à la gloire du roi des

Belges. Maintenant, tout est jouet dans sa main, crayons, pinceaux et burins.

En 1916-1918, il grave des bois et des eaux-fortes pour des fêtes organisées dans les hôpitaux à la grande joie des blessés, pour l'hôpital 102 et pour l'hôpital 11. Là, c'est une série de bois gravés pour illustrer LE POILU ET LA PRINCESSE, une image en vers de son ami ALPHONSE MÉTÉRIÉ, collaboration touchante de deux poètes dont l'un donne l'image et l'autre la poésie pour aboutir à cette petite merveille aujourd'hui introuvable en librairie.

Des essais d'illustration, il reste encore une belle épreuve dans LE POÈME D'AUGUSTE PINGUET. Ce livre qui émeut le lecteur supérieurement est, selon l'expression de Mlle Mathilde Alanic, — « le Poème de la vie, la vie d'une âme en lutte avec les contingences terrestres et avec ses propres rêves... »

Eh bien ! pour cette œuvre d'une suprême abstraction, BERJOLE réussit à graver un frontispice qui est une synthèse merveilleuse de ce Poème conçu en 1918 et édité en 1920.

Pour le même poète et dans un recueil de caractère tout différent, la CHANSON DE L'ANJOU, un autre bois de frontispice, aussi habile, synthétise également l'Anjou et l'Angevin chantés par le poète.

Il est d'autres illustrations que malheureusement peu d'Angevins connaissent car elles ornent des exemplaires devenus uniques d'éditions choisies par des amateurs éclairés et que le talent de CHARLES BERJOLE avait séduits. Ainsi peut-on voir dans une bibliothèque VOYAGES AVEC MA PIPE, de LÉON WERTH, le CARROSSE AUX DEUX LÉZARDS VERTS, de RENÉ BOYLESVE, dans une autre TROIS CONTES de FLAUBERT, et enfin LES CONTES DE JACQUES TOURNEBROCHE, d'ANATOLE FRANCE, ceux-ci, gardés avec un soin pieusement jaloux, contiennent les dernières illustrations aquarellées de l'artiste, car elles furent achevées en juillet 1923 avant son départ pour les vacances dont il ne devait revenir que pour s'aliter et mourir.

Son dernier travail fut le bois de son livre ; avec une peine dont peuvent témoigner ceux qui le voyaient alors, il dessina le bois symbolique de la couverture du FLUTIAU, d'abord le bois noir, puis le bleu qui vit ses derniers efforts de graveur, et cette image est le reflet de toute sa vie car, il le disait lui-même : *J'ai réuni là le flutiau et le chevalet du peintre, la Maine et les moulins de Pruniers et Crozant...* »

L'illustration ne fut pour CHARLES BERJOLE qu'un à-côté de ses occupations journalières si nombreuses et si fatigantes qu'il dut vers la fin renoncer à les accomplir toutes.

D'élève il était devenu professeur : à l'Ecole des Beaux-Arts où il enseignait le dessin décoratif ; à Saint-Julien où il

apprenait les éléments du dessin aux grands garçons. Enfin chez lui. Mais laissons parler un de ses élèves, Mademoiselle Chantal Philouze :

« Les leçons de Berjole, quel souvenir ineffaçable elles nous ont laissé ! Ce n'était pas seulement le peintre qui enseignait, mais aussi le lettré, l'artiste, le poète. Il est difficile de choisir parmi tant de choses qu'il nous a apprises. Il transformait la vie à force de l'aimer ; son esprit, constamment ouvert s'attachait à tout et ne connaissait pas l'indifférence.

Son atelier était à son image ; on y trouvait tout, livres, revues, bibelots, non pas mis là pour l'effet ou l'ornement, mais rassemblés autour de lui par un besoin de concentration, comme il attirait vers lui-même tout ce qui, dans la vie, lui paraissait beau. Je le vois encore assis sur l'un de ses hauts tabourets : « *d'ici* », disait-il en montrant les arbres de la Préfecture, « *on voit très bien mon parc* ».

Puis il allait à ses élèves, répétant toujours :

« *D'abord l'ensemble, dessinez les grandes lignes avant de mettre un seul détail* ». Et comme il tenait tout entier dans ces mots : « *les grandes lignes d'abord... les détails ensuite* ».

En une seule leçon, il apprenait mille choses. Et que de sentiments délicats il nous découvrait en parlant d'Holbein ou de Maurice Denis, de Rodenbach ou simplement des maisons au printemps avec leur atmosphère de netteté et leur odeur d'encaustique...

Ses cours en plein air étaient peut-être plus délicieux encore : comme du jardin vu de sa fenêtre, il s'emparait de la campagne, c'était « *son parc* », et il évoquait alors les pays où il avait peint. Il lui suffisait d'un chemin creux, d'un arbre tordu au-dessus d'une haie pour sentir et ressusciter l'âme des pays où il avait passé.

Ne se contentant pas d'apprendre à peindre, instinctivement il guidait le goût, cherchait à l'élargir. On le quittait avec l'impression de penser double.

Un jour, chez lui, se trouvait une revue illustrée par un

peintre anglais : ce fut un vrai cours sous forme de causerie : l'artiste, son œuvre, ses procédés, ses imitateurs. Une autre fois, c'était un livre qui l'animait, le souvenir d'un opéra entendu...

Aux Beaux-Arts, son cours ne tarda pas être très suivi : il sut en peu de temps former ses élèves, respectant avant tout chaque personnalité, développant chez tous ce goût de la couleur qu'il possédait si bien lui-même. Il cherchait à rendre son enseignement pratique, poussant aux applications et semblant vraiment heureux quand on avait mis ses leçons à profit pour quelque réalisation. C'est ainsi qu'il essayait de faire de la décoration non plus un passe-temps mais une voie ; et quel intérêt il porta dans la suite à ceux de ses élèves qui s'engagèrent dans cette voie ! Même malade, chaque fois que nous allions le voir, il s'animait, reprenait son visage souriant avec son regard lumineux et des paroles gaies.

Lui qui guidait de si près ses élèves, il ne regretta pas de les perdre, de les voir modifier ses principes sous une direction différente, au contraire, ce fut pour lui une source de joie, car c'était pour l'art dans lequel il s'oubliait lui-même... ».

Ces cours et ces leçons étaient un régal pour les élèves, mais pour le maître aussi. Il se plaisait à cette initiation et il eut la joie de voir avant de mourir quelques-uns de ses élèves prendre leur place dans le rang des artistes de bel avenir. Il s'y plaisait, mais parfois regrettait les belles heures de jour, de lumière, qu'il eut passées à créer des œuvres dont il sentait le germe en lui et qui demeuraient irréalisables, faute de loisirs.

La période des vacances lui fut, pour cela, d'un grand secours et c'est pendant ce court espace qu'il travaillait alors pour lui, mettant à profusion sur la toile tendue devant les

paysages toute cette puissance qu'il avait concentrée en lui pendant des mois.

Vacances, mais non repos. La rentrée venait, il reprenait ses leçons et ses cours en préparant une exposition de ses œuvres à la vitrine de M. Lasneret, rue Saint-Julien — à la face du public, qui, disons-le, répondit toujours à l'appel de l'artiste par une sympathie sans cesse renouvelée et sans cesse grandissante comme en témoignent les beaux intérieurs angevins où la peinture de BERJOLE est en place d'honneur.

D'abord, ce fut l'ANJOU qu'il transposa sur ses toiles, le BOURG D'ION et la VALLÉE DE LA LOIRE, avec les BOIRES DE SAINT-RÉMY, SAINT-MATHURIN, les PEUPLIERS qu'il eut voulu chanter dans la saison d'automne quand ils sont d'un or pur ; toute cette nature simple et tranquille avec les paysans, le BUCHERON, les VIEILLES en coiffe. Peu d'animaux, quelques échantillons parmi ceux-ci : les DINDONS à cause de leur noir plumage, se détachant sur le sol clair et qui l'incitent à la gravure sur bois rendant au mieux l'intensité du noir dans la lumière.

Après l'Anjou, ce fut LA CREUSE, puis à CLISSON une brève apparition. Puis la mer :

Au delà des labours sans fin et sans culture.

La mer qu'il avait tant désirée.

D'où me vient ce désir insensé de la mer
A moi l'enfant débile au trop pâle visage
Et qui fait qu'en ma chambre aux sombres soirs d'hiver
Je l'écoute chanter au fond d'un coquillage.

LE CROISIC, SAINT-MALO, la mer. Mais il préfère la Bretagne, les marais salants et la lande, LA TRINITÉ-SUR-MER, GUÉRANDE et ses maisons grises dignes de l'eau-forte et du bois.

Une précieuse amitié l'emmène en BELGIQUE d'où il revient enthousiasmé avec des aquarelles, des peintures, des eaux-fortes dont il fit un triptyque MALINES, ANVERS, BRUGES qui fut très remarqué au Grand Salon de 1922.

Enfin, les PYRÉNÉES avec des toiles ensoleillées, et puis un séjour dans la CREUSE, où déjà marqué par la maladie, il

travailla fièvreusement comme voulant jeter son dernier chant.

Le public fut toujours très sensible aux efforts et aux progrès de CHARLES BERJOLE. La critique unanimement élogieuse, et ceci en toute sincérité, car chacun sait que jamais l'artiste ne sut quémander les éloges. Il les méritait, on les lui donna ; et je retrouve dans une chronique angevine une étude sur l'œuvre de BERJOLE, peintre.

REVUE DE L'ANJOU (Novembre-décembre 1918)
(Henry Cormeau)

« Quand les chrysanthèmes passent fleur, c'est le temps pour nos peintres angevins d'éclore tout en couleurs à la vitrine de Lasneret.

Ainsi a fait, comme chaque automne, notre bon collaborateur Charles Berjole, dont la main exercée emploie talentueusement, tour à tour, la plume et le pinceau. Une carte coquettement tirée sur hollande, agrémentée d'une jolie vignette en trois couleurs et qui sera recherchée un jour par les collectionneurs, servait d'invitation.

L'exposition Berjole comprenait, cette année, une trentaine de toiles de différentes dimensions, que l'on pourrait répartir en trois catégories : ce qui appartient à l'Anjou, ce qui a été importé de la Creuse, des pochades et des types.

Les œuvres célébrant l'Anjou sont naturellement les plus nombreuses et, disons-le aussi, les meilleures. Presque toutes proviennent des environs de Saint-Rémy-la-Varenne ou plus exactement du Bourg-d'Yon, où l'artiste a villégiaturé pendant les dernières vacances. Voici, rapprochés comme de bons voisins qui font la causette : un village fumant dans le déclin de la lumière comme si les cheminées évaporaient des logis miséreux la mélancolie même de l'heure crépusculaire ; — d'humbles et quasi-ruineuses maisonnettes comme accroupies sous les arbres au bord du chemin et qui se parlent par signes à la manière des vieilles voyant passer l'étranger ; — un paysage minuscule enchâssant une note de printemps de l'air dont un roitelet chante sa phrase vaillante ; — un groupe de noyers surpris sur le vif de leur verdure miroitante de l'or du couchant ; — un morceau de vallée, de la vallée de Montsabert, avec des détails d'arbres, de haies, d'herbe végétante, finement triés et harmonisés, qui en font la maîtresse toile de

cette exposition ; — le chemin montant et malaisé qui arrive à l'entrée du Bourg-d'Yon, de ce Bourg-d'Yon également représenté par la façade d'une curieuse demeure dont le corps de logis est une cave creusée en pleine tuffe ; — une parcelle de Blaison se levant dans la brume du matin ; — une parcelle de Gohier se couchant dans l'enveloppement du soir ; — un lever de lune jetant un charme sur un groupe d'arbres dont l'expression spectrale remémore la manière d'Henri Rivière ; — une réunion de quelques arbres dans un pays d'eau dont la luminosité, reflétée d'un immense horizon et limpide comme l'orient d'une perle, affine, diaphanéise les physionomies, si j'ose dire, et qui, campagnards faisant les farauds, se laissent bercer complaisamment dans un doux souffle, comme de poésie.

En contraste avec nos riants et familiers paysages de Loire, les sites des rives de la Creuse ressortent par les couleurs vives des rochers qui encaissent la rivière et qui entremêlent les chatoiements des ocres jaunes, bruns, rouges, aux verts vivaces des végétations, à la transparence des rivières. L'eau descend fougueusement dans un tableau où elle imite le courant d'un torrent : est-ce la même qui, dans un autre, arrivant aux dormants de la plaine, semble rioter de nous avoir fait peur. La Creuse, la Sédelle, Crozant, son château en ruines, Gargilesse, tout ce qu'en mettant les bouchées doubles, BERJOLE a pu *croquer* dans une courte échappée au pays chanté par le poète de Fresselines et par sa marraine, la bonne dame de Nohant, et visité chaque année par tant d'artistes.

Enfin, de çà, de là, des pochades, trois ou quatre, bien traitées : une tricoteuse en coiffe angevine travaillant sous le jour cru de la croisée qui lui bronze le teint, une fillette villageoise à la figure épanouie, une jeune femme en rouge cousant sous un arbre et dans laquelle se reconnaît aisément Mme Berjole, puis quasi symétriquement un gamin s'ébattant à la joie du plein air et qui n'est autre que « sa diablerie » Claude Berjolet, dont l'excellent sculpteur Chesneau a exposé récemment un si moelleux buste. Les voilà, mère et fils, joies de la famille naturellement associées par l'artiste aux joies de la peinture.

L'exposition a attiré les amateurs ; la mention *vendue* glissée en travers du coin, dans une dizaine de cadres, prouve qu'elle a plu, que BERJOLE est désormais compris, prisé, connu. Nous nous en réjouissons, car son œuvre est probe, d'une structure minutieuse, d'un style attachant. Sans rien sacrifier de la réalité, il magnifie en poète les sujets qui l'ont enchanté. Grands sites, petits villages, jeunes arbres, vieilles maisons, tout cela nous apparaît maintenant sous une ambiance empruntée à la lumière qui luit pour tout le monde et tout autant à la lueur qui sourd de son âme émue comme pour les ennoblir d'idéal.

*
**

Enfin, tout récemment, un autre artiste a su, en quelques mots, déterminer la place qu'occupe notre ami dans le grand mouvement contemporain. Résumant la vie de travail pour arriver à une conclusion élogieuse entre toutes, M. RECOUVREUR, au cours d'une veillée de la Guilde des artistes angevins, le 7 novembre 1924, apporta cet hommage au camarade disparu pendant les vacances :

« Fils de ses œuvres, parti sans moyens et presque sans soutiens naturel, mais auréolé d'un clair idéal, CHARLES BERJOLE a assez de force et d'énergie pour surmonter les mille difficultés d'une route qui s'annonce pénible. Au travail déjà à l'âge où le jeu est un besoin, il prend sur ses heures de repos le temps de fréquenter les cours de l'Ecole des Beaux-Arts. Avec le vénéré professeur Brunclair, il dessine et il peint ; avec le dévoué professeur Réchin, il apprend la composition décorative ; mais il quitte l'atelier et désormais occupé dans un cabinet d'architecture, il s'instruit de tout, il a toujours le crayon en mains, occupant tous ses moments de loisirs à dessiner le croquis et souvent de minuscules pastels prestement sabrés. Par les beaux dimanches, il s'essaye à de petites études à l'huile plus timides parce que plus étudiées.

Bien que cette partie de son œuvre très dispersée aujourd'hui montre déjà des aspirations et des intentions curieuses, nous ne devons y voir que la préparation du cycle trop court, hélas ! qui va nous occuper.

« Nous sommes en pleine guerre. Tout endolori encore par les fatigues d'une vie militaire qu'il n'a pu supporter, notre ami rentre chez lui, définitivement réformé. Il n'a plus de situation et il faut vivre. Il ouvre alors un cours de peinture à des jeunes filles ; le voilà peintre et professeur.

« Sa vie de peintre sera courte, bien courte, six ou sept années au plus ; et, encore, son entrée entre temps à l'Ecole des Beaux-Arts où il est appelé à professer la composition décorative, ne lui permettra guère de produire que pendant les vacances.

« Il promène d'abord son chevalet dans la campagne angevine, fait un séjour à Saint-Rémy-la-Varenne ; deux fois, il va en Bretagne, au Croisic et à la Trinité-sur-Mer ; il va

s'asseoir près de la Garonne à Saint-Martory ; il voit la Creuse à Crozant, parcourt la Sèvre Nantaise, pousse une pointe en Belgique et retourne une seconde fois dans la Creuse.

Avec quel enthousiasme il vantait la couleur étonnante de ce pays de Crozant *Quelle que soit l'heure ou le jour,* disait-il, *cette nature que je n'ai vue nulle part ailleurs offre la sensation que donneraient de beaux tapis d'Orient.*

Et c'est là sans doute qu'il serait retourné avec le plus de plaisir. Chacun des séjours de vacances que je viens d'énumérer donna lieu à une exposition particulière aux galeries Lasneret. Les sept billets d'invitation, tous pourvus d'un cuivre ou d'un bois constituent une série précieuse à garder, car elle est le témoin, étape par étape, d'une courte, mais rapide évolution.

J'ai dit que BERJOLE était particulièrement attiré par Crozant.

C'est que notre ami est avant tout un coloriste et un grand amant de la lumière. C'est que la décoration l'attire.

Son état d'âme est tel, que la lyre et la palette sont ses auxiliaires inséparables ; et je ne saurais trop insister sur ce point qu'il fut d'abord et surtout un poète. N'avait-il pas adopté la formule d'art la plus nouvelle, celle qui se peut libeller en six mots : *Moins de métier, mais plus d'âme*, c'est-à-dire moins d'entraves, plus de liberté, plus d'essor à la pensée, et c'est pourquoi sa peinture, très littéraire, est bien plutôt celle d'un poète que celle d'un peintre, si l'on entend par ce mot le traditionnaliste par opposition à l'idéaliste.

Son Flutiau qui a semblé être délaissé pour le pinceau s'est tenu jalousement blotti sur cette palette d'où il chantait en sourdine ses belles extases colorées, souvent si émouvantes. Que l'on me pardonne cette franchise qui, dans le cas particulier, ne peut ajouter que de la valeur à l'œuvre.

BERJOLE peintre, n'imitera personne. Etre de son temps, tel est le chemin qu'il s'est immuablement tracé. Une grande conviction sera sa seule directive.

Et c'est pourquoi il adopte les indications fournies par la science moderne. Il sait tout le parti que l'on peut tirer de la juxtaposition des couleurs, non pas pour obtenir les violences que recherchaient les premiers impressionnistes, mais, au contraire, pour les éviter et se tenir toujours dans une sage mesure. En ne cherchant que les harmonies délicates, il parvient à nous prouver que l'on peut obtenir un maximum de lumière sans blesser les yeux.

Dans ses belles pages blondes, les gammes les plus douces, les plus discrètes, chantent d'une voix de soprano. Et c'est bien cette préoccupation qui le classe dans la seconde période de l'Impressionnisme, celle qui a pour chefs : CLAUDE MONET, l'un des survivants du premier camp, GAUGUIN et MAURICE DENIS. Ce sont bien là, du reste, les maîtres qu'il évoque le plus souvent.

BERJOLE est donc de ce groupe qui n'a rien d'une Ecole puisque les affinités ne portent que sur la raison, l'application de la science et une saine conscience. Tous les éléments constituants en sont d'ailleurs dissemblables. Chacun y conserve sa personnalité. C'est donc le seul groupement vraiment rationnel et bien de notre temps si nous voulons admettre que la facilité des voyages et des échanges, le mélange des races, imposent désormais l'INDIVIDUALISME.

BERJOLE appartient au NÉO-IMPRESSIONNISME, à cette section des indépendants qui a le plus de droits à l'indépendance puisqu'elle est la plus rationnelle, disons la plus loyale.

Mais, en marge de la peinture, il y a d'autres terrains à explorer, et notre artiste est un curieux. Un champ d'explorations plus vaste lui est d'ailleurs nécessaire. En même temps que peintre, il s'est fait graveur.

C'est d'abord l'eau-forte qui le passionne. Son premier essai de pointe date de 1916, un bord de rivière qu'il réalise avec un outillage de fortune. Il parvient péniblement à en tirer quatre épreuves, sans presse, mais à l'aide d'une brosse à dent en celluloïd dont il fait un brunissoir. Sur la précieuse épreuve que je possède, le néophyte a écrit avec quelque ironie 3/5000 ! Très vite, il se met en mains la technique intégrale. Non seulement il en pratique toutes les formes, LE TRAIT, LE GRAIN, LA COULEUR ; non seulement il aborde la pointe sèche, sa voisine, mais il n'a aucun collaborateur spécial. Il ne fait pas comme certains soi-disant maîtres du genre qui font vernir leurs planches par X, aciduler par Y et tirer les épreuves par Z. Non, il se sert lui-même en tout comme les vieux maîtres. Dans cette langue nouvelle pour lui, son âme d'artiste tout de suite à l'aise, sait produire de nombreuses planches qui font les délices de l'amateur.

Mais voilà que les temps ont changé. La gravure en taille douce devient de moins en moins possible parce que trop onéreuse. Le cuivre coûte cher et les tirages lents sont très limités.

Les éditeurs ne veulent plus guère pour l'illustration des

livres que la gravure sur bois, dont les tirages presque illimités sont très rapides.

Le vaillant BERJOLE, avec le même succès s'y adapte rapidement, et une nouvelle série de choses délicieuses en résulte.

C'est que, c'est surtout en vue de l'illustration que notre ami envisageait la gravure. Ecrivain, poète, artiste doué du sens le plus délicat, pouvait-il donc se désintéresser du livre, assurément non ? Et il se passionna pour le beau livre qui, depuis plus d'un siècle semble avoir déserté notre pays après l'avoir illustré de la manière que l'on sait. Le beau livre reparaît donc chez nous et le pauvre BERJOLE n'a pu, hélas ! qu'en saluer la prometteuse aurore. Lui, qui en comprenait si bien la beauté et l'harmonie de tous les éléments depuis le caractère, le papier, l'ornementation, l'ordonnance générale, la reliure, les fers, les gardes..... lui, qui s'y consacrait déjà de toute son âme, encouragé par des bibliophiles du meilleur goût, a dû abandonner cette belle partie.

Les quelques petites merveilles qu'il laisse en ce genre nous donnent bien le pressentiment que c'était peut-être là sa vraie voie.

Son dernier geste a été d'illustrer d'un bois le volume de ses propres poésies que vient d'éditer notre ami André Bruel sous le titre LE FLUTIAU DÉLAISSÉ. Et c'est un chef-d'œuvre qu'il grava sur son lit de douleur, trouvant encore dans un dernier élan d'énergie, ce souffle ardent et inspiré dont il savait imprégner toutes ses productions.

La conclusion de tout ceci ne peut s'exprimer que par un regret. Dans les œuvres de CHARLES BERJOLE, on ne sent rien de définitif, ce sont partout des chapitres restés en suspens..... Et on ne peut se défendre de songer au dernier mot d'André Chenier montant au supplice..... notre ami aussi avait encore quelque chose là ! »

*
* *

Un regret ! oui, d'autant plus vif que les amis de CHARLES BERJOLE ont pressenti le but qu'il devait atteindre. Non pas que cette amitié les aveuglât au point d'auréoler le poète et l'artiste d'une gloire imaginaire, mais parce que les faits sont là.

Au retour de Crozant, après avoir préparé son exposition, BERJOLE dut s'aliter, terrassé par la souffrance, en novembre

1923. L'hiver ne fut qu'un long et pénible cauchemar avec des alternatives d'espoirs et de découragements. L'espoir surtout revenait, car il eut à son chevet des médecins qui le réconfortèrent de leurs soins les plus dévoués, disons les plus affectueux, tant ils luttèrent contre le mal avec acharnement pour sauver un être qu'eux aussi jugeaient supérieur. Vint le printemps avec un peu de soleil et plus d'espoir encore pour le malade : il put se lever et jouir en convalescent du jardin fleuri qu'une amitié mettait largement à sa disposition.

Pendant ce temps une autre joie que celle du poète, la joie de l'artiste, celle à laquelle il tenait le plus lui vint de Paris, Paris la ville qui consacre les esprits rares et les talents, Paris qui avait accueilli deux de ses plus belles toiles des dernières vacances, Paris décernait au peintre d'Angers des éloges qui sembleraient tout d'abord réservés aux princes de la peinture.

« Comment dans ces kilomètres de toiles, me dit un de ceux qui virent le salon de 1924, peut-on remarquer telle ou telle si un nom déjà célèbre ne s'y attache pas ? »

Eh bien ! CHARLES BERJOLE, sociétaire aux Artistes Français depuis plusieurs années, obtint cette distinction, lui qui n'avait pas pu s'occuper lui-même de cet envoi ni voir si ses toiles étaient en bonne place. On les remarqua tant et si bien que les feuilles parisiennes s'emparèrent du nom modeste et éloigné et le mirent à l'honneur comme en font foi les extraits suivants :

Le Temps

30 avril 1924.

Rendons justice aux excellents envois de Joseph Bergès, à la COUR DE MOSQUÉE de Larramet, et au PONT DE LA CREUSE A CROZANT de BERJOLE.

TIEBAULT-SISSON.

Le Radical

1er mai 1924.

Salle 25, quelques cartons décoratifs de Loys Prat ont de l'intérêt. Je leur préfère les paysages de BERJOLE exécutés en pleine pâte, chauds et vigoureux de ton.

G. REMON.

Paris-Soir

1er mai 1924.

Les paysages ne manquent pas mais il en est peu de qualité. Je n'en ai que plus de plaisir à noter..... les envois de M. BERJOLE.

L. L. MARTIN.

Ève

17 mai 1924.

La préoccupation du sentiment décoratif apparaît chez nombre de paysagistes : André Strauss....., BERJOLE et Désiré Lucas.....

P. LADOUÉ.

Voix nationale

25 mai 1924.

6.000 tableaux ont envahi les cimaises, 6.000 tableaux qui n'arrivent pas, à quelques exceptions près, à s'orienter vers le mouvement artistique de notre époque !

Enfin pour terminer en beauté... je mentionnerai les envois de Jules Joets, qui sait peindre, de Dupas, Adler, André Strauss, Balande, BERJOLE, Charreton, dont les talents divers méritent d'être pleinement appréciés.

E. GAUCHON.

Extraits d'une lettre adressée à Mme L..... par M. Jules ADLER, Président de la Société des Artistes français.

....

La mort de Berjole me fait beaucoup de peine. Je le suivais avec intérêt et ses expositions de ces deux dernières années marquaient un remarquable progrès : Une sorte de décision franche et de réalisation ardente et colorée qui laissaient très loin en arrière les balbutiements des premiers envois au Salon. C'est vous dire qu'il se défendait tout seul et que je n'avais rien à faire pour lui faciliter la bonne réception. Hélas ! que de belles natures ainsi fauchées en plein essor. J'ai lu avec émotion l'éloge fait par son confrère M. Le Moy. Personnellement, je n'ai connu que le peintre, mais vous m'aviez dit le doux poète qu'il était..... »

⁂

Malheureusement pour la gloire de CHARLES BERJOLE, là-bas sans appui, sans même la possibilité de faire les démarches ou visites nécessaires, le jour vint des récompenses et c'est alors que tel grand seigneur eut voulu pouvoir reconnaître un talent qu'il venait seulement d'apercevoir — trop tard !

Là encore la *noire déveine*, comme il disait, se présenta. Et elle s'accrocha au malade jusqu'à la fin. Ce ne fut tout l'été qu'angoisse et douleur. Jusqu'à cette époque il avait trouvé quelque distraction dans la lecture ou dans les entretiens fréquents de tous ses amis ; mais la souffrance devint plus puissante que le goût de se distraire. A peine s'il pouvait encore adresser quelques paroles aux rares amis qu'il pouvait voir et pour lesquels ces derniers mois furent un autre calvaire.

Son sourire seul resta jusqu'à la fin et ses yeux qui savaient si bien voir et qui voyaient avec indulgence et bonté. Il ne vit pas le mal si terrible, car il luttait contre ce mal comme il avait lutté toute sa vie avec toujours l'idée que demain... ou après-demain serait meilleur et dans son entourage on sut — avec quelle force d'âme ! — le bercer dans cette illusion, même après qu'il fut condamné par ceux qui avaient épuisé tous les moyens de la science et qui eux aussi lui laissèrent la croyance à une guérison... tardive et lente, cependant qu'il était enveloppé douillettement dans le dévouement absolu et magnifique de celle qu'il appelait sa compagne des bons et des mauvais jours et qui sut cacher sa douleur pour empêcher le cher malade d'entrevoir la fin inéluctable, cette fin qu'alors il n'aurait pas acceptée en résigné, car il voulait lutter, lutter... Et ce furent là ses dernières paroles.

« *Je ne peux plus lutter.....* »

Les derniers jours il se résigna à mourir non sans exprimer un regret :

« *J'ai un gros chagrin,* disait-il..., *j'aurais pu être un grand peintre...* »

Et puis avec une foi merveilleuse, comme s'il entrevoyait un bonheur paradisiaque, il s'éteignit.

En cette fin de septembre où tombent les feuilles d'or, où les jours gris commencent, la mort de BERJOLE fut une chose infiniment triste, triste comme celle que lui-même a vue en songe dans ces vers retrouvés parmi ses papiers :

Ah ! tous les cœurs marqués pour l'amour ou le rêve
Qui mourront avant que le combat ne s'achève
Sans avoir retenu entre leurs doigts glacés
Que des fleurs sans parfums et des épis brisés.

AUSSITOT APRÈS

Quand Il partait dans la Nature avec son rêve
Et sa viole et ses pinceaux, le front pensif,
Il se montrait, malgré l'obstacle et le récif,
Heureux comme un oiseau quand le soleil se lève.

Car, Il était de ceux qui comprennent le vent,
Et le mystère des forêts, et la magie
Des soirs, et dont le cœur est plein de nostalgie
Et conservent en eux de la candeur d'enfant.

C'est alors qu'Il allait souriant aux nuages,
Cheminant à travers les changeantes saisons,
Leur prenant tour à tour leurs fleurs et leurs chansons,
Content quand le matin jouait dans les feuillages.

Il s'arrêtait au bord des fleuves, Il aimait
La douce fuite, au loin, des virginales voiles ;
Et puis les nuits de lune, et puis les nuits d'étoiles,
Et les coteaux songeurs que le soir embrumait.

Il était l'imagier qui s'enchante et qui chante :
Le poète semblable au lointain troubadour,
Qui trompe sa souffrance avec beaucoup d'amour,
Et ne s'aperçoit pas que la vie est méchante.

Il était le rapsode épris des verts sentiers
Fleuris par les printemps, lumineux de rosée,
Et le bon peintre aussi, riche de sa pensée,
Ami de la grand'route et des arbres altiers...

— « O Charles ! à présent Vous êtes dans la tombe,
« Vous avez délaissé pour le sommeil sans fin
« Ce qui fut votre soif, ce qui fut votre faim,
« Ce qui nous fait *aimer* avant que l'on succombe.

« Ainsi, plus ne viendrez gravir mon escalier ;
« Vous ne m'offrirez plus la fleur que l'âme apporte ;
« Plus n'irai, plus n'irai Vous entr'ouvrir ma porte
« Et recevoir Votre sourire familier.

« Pourtant, ils étaient beaux ces moments de la vie
« Où Vous veniez, fervent et calme, dans le soir,
« A mon humble foyer, ô Charles ! Vous asseoir,
« Disant ce qu'il fallait à mon âme ravie.

« Ah ! quand Vous étiez là par la flamme éclairé,
« En avons-nous alors regardé des images,
« Et des livres tout pleins de vers et de ramages,
« Ecrits par des chanteurs au langage sacré.

« Je Vous voyais penché sur les belles estampes,
« Accordant à ces choses tout un vaste amour,
« Et moi j'étais heureux et joyeux en retour,
« De rêver près de Vous aux lueurs de la lampe !... »

— « Mon Ami, j'ai l'espoir que dans la sombre Mort,
« Vous percevez encor le frisson de ces stances,
« Attendu qu'il n'est pas de très grande distance
« Entre celui qui vit et celui-là qui dort.

« J'ai l'espoir que Votre âme entend toujours la mienne,
« Et que cette musique la contente un peu,
« En mettant autour d'elle son nuage bleu
« Et son parfum d'antienne !... »

AUGUSTE PINGUET.

*
**

La population angevine s'émut de la disparition de CHARLES BERJOLE. Des témoignages de sympathie, vinrent en foule et jusque publiquement.

De l'Express

« J'ai appris, dimanche, la mort de CHARLES BERJOLE.

Il s'est éteint doucement, pieusement, après une année de souffrances qu'essayait d'adoucir l'affection des siens, de ses camarades, de ses amis, de ses élèves, manifestée sous les formes les plus touchantes.

Un poète, qu'il aima, a dit :

> De l'autre côté des tombeaux,
> Les yeux qu'on ferme voient encore.

Il n'est d'autre allégement à la pensée que sont clos les yeux de l'artiste épris de couleurs, de lumière, du jeu des reflets et des ombres.

CHARLES BERJOLE a agonisé et est mort, entouré de la beauté créée par lui, de ses tableaux où il essaya de fixer son rêve, jamais satisfait, tant il plaçait haut son idéal. Sa modestie, du reste, égalait son talent.

Un jour, il y a quelques années, un ami m'écrivait que trois toiles de CHARLES BERJOLE étaient exposées à Paris dans une galerie de tableaux connue, près de la Madeleine.

Il n'y voulait pas croire ; il fallut lui donner des précisions sur l'achat de ces toiles par un étranger, de passage à Angers, que le probe et éclatant talent du peintre avait séduit.

Parmi ses tableaux et eaux-fortes, paysages de l'Anjou, de la côte malouine ou du Croisic et de Guérande, des bords de la Creuse, des Pyrénées, de Belgique, d'Anvers et de Bruges, il préférait ses toiles angevines : rives de la Maine et de la Loire, eaux dormantes, villages et coteaux ensoleillés, dont il exprima avec tant d'amour et de force, l'attirante douceur.

Il eut pu aller à Paris : « Ici, disait-il, je suis obligé de vivre sur mon propre fond » ; mais il ne put se résoudre à quitter la terre natale.

Professeur à l'Ecole des Beaux-Arts et dans ses cours privés, il donna une impulsion vigoureuse à l'enseignement de l'art décoratif. C'était un animateur ; jamais cours ne fut plus vivant et ne s'attacha davantage à stimuler les initiatives, à mettre en valeur les dons de ses élèves qui l'adoraient. Jamais il n'y eut cœur plus délicat, esprit plus sensible et plus délié, goût plus fin et plus sûr.

Nous avons dit, lors de la publication du FLUTIAU DÉLAISSÉ, pauvre flûtiau angevin aujourd'hui brisé, quel poète exquis était CHARLES BERJOLE. Ces vers du FLUTIAU chantent dans nos mémoires et nous espérons entendre bientôt aussi les vers du MISSEL.

Emile Marchand citait hier la FIN DU JOUR de BERJOLE :

Voici que le beau Soir va céder à la Nuit,
La Maine nonchalante a rafraîchi la ville,
Les quais sont déjà bleus, une étoile reluit
Et tous deux nous allons dans notre amour tranquille.
Le parfum des tilleuls s'abaisse et s'alanguit,
Une autre étoile naît, une autre encor scintille,
En jardin fabuleux le ciel divin fleurit :
Le croissant pâle y met l'acier d'une faucille...

Que de strophes délicates et vibrantes, d'une forme et d'un

sentiment si purs, tressent aujourd'hui « le laurier noir » dont parlait Métérié, évoquant l'enfance triste, les dures années de misère et de labeur de la jeunesse de BERJOLE.

Mais il faudra revenir sur l'œuvre trop tôt interrompue du poète — en prose et en vers — et de l'artiste.

Aujourd'hui nous pensons à la douleur des siens, qui est celle de tous ceux qui l'ont connu et aimé ».

LÉON PHILOUZE.

De l'Ouest

« C'est une figure bien angevine qui vient de disparaître prématurément. CHARLES BERJOLE n'était-il pas connu dans tous les milieux ? Tout le monde le connaissait et l'estimait. Il avait, dès longtemps, conquis, la sympathie générale par sa simplicité, son ardeur au travail, son goût des belles choses.

Doué d'un sens artistique affiné, il cultiva l'art sous toutes ses formes et malgré des difficultés matérielles presque constantes, car la vie lui fut particulièrement cruelle.

Dès sa tendre jeunesse, il se sentit attiré vers la peinture. Mais les nécessités de l'existence ne lui permirent pas, comme il l'aurait désiré, de suivre les cours de notre Ecole régionale des Beaux-Arts. C'est seulement le soir, après une longue et dure journée de labeur, qu'il pouvait, en prenant sur son repos, s'initier à la vie artistique sous la direction avisée de maîtres dévoués et bons comme Brunclair. En dépit d'une formation insuffisante, il réussit, grâce à un travail acharné, à percer et à s'imposer. Il avait des dons de coloriste qui plaisaient et les amateurs, qui sont nombreux en Anjou, recherchèrent ses œuvres, si bien qu'aujourd'hui il n'existe pas de collection où ne figurent plusieurs de ses toiles.

Mais le pinceau n'accaparait pas toute son activité. CHARLES BERJOLE appartenait à tous les groupements artistiques de notre ville et y joua toujours un rôle de premier plan. En outre, il maniait la plume avec habileté et élégance, écrivant des nouvelles délicieuses, donnant au théâtre des pièces solidement construites et finement spirituelles, ciselant des vers délicats, dont LE FLUTIAU DÉLAISSÉ, récemment édité par l'ami André Bruel, constitue un précieux recueil.

Depuis quelques années, malheureusement, il avait cessé d'écrire, absorbé de plus en plus par le professorat. Lors de la réorganisation de l'Ecole des Beaux-Arts, on lui confia le cours de composition décorative et il s'y donna avec tout son cœur d'apôtre. Les leçons furent, d'ailleurs, très fructueuses, car aux diverses expositions faites par l'établissement, les travaux de ses élèves étaient fort appréciés. En dehors de l'Ecole, d'autres jeunes gens venaient quotidiennement s'initier, auprès de lui, aux secrets de l'art plastique, ne lui laissant que de très rares loisirs.

A cette tâche fatigante et sans répit, il s'est rapidement épuisé, lui qui avait toujours été fragile. Et, l'année dernière, il ressentait les premières attaques du mal implacable qui vient de l'enlever après de longs mois de souffrances. Tout le monde artistique et intellectuel de l'Anjou le pleurera ».

J. RACAPÉ.

Du Petit Courrier

« Nous apprenons avec un très vif regret et une douloureuse émotion la mort du bon poète angevin CHARLES BERJOLE, qui vient de succomber, jeune encore, à une longue et implacable maladie, malgré tous les soins affectueux et dévoués dont il était entouré.

Poète, CHARLES BERJOLE l'était dans toute l'acception du terme. Son talent était fait de charme et de délicatesse.

Avant de disparaître, il a eu le temps de grouper ses poèmes en un volume exquis qu'il a publié, il y a quelques mois, au Bibliophile Angevin, sous le titre mélancolique LE FLUTIAU DÉLAISSÉ. Nos lecteurs se souviennent certainement que nous avons dit ici tout le bien que nous pensions de ce volume où la poésie la plus suave, la plus pure et la plus tendre coule à pleins bords.

Devons-nous ajouter que le poète, chez CHARLES BERJOLE était doublé d'un excellent peintre. Ses paysages étaient plein de fraîcheur et de grâce et ses tableaux ainsi que ses eaux-fortes étaient toujours très remarqués aux Expositions des Amis des Arts.

Nous nous inclinons douloureusement devant la dépouille de celui que la mort a si prématurément emporté et nous adressons à sa veuve et à ses enfants si cruellement éprouvés, ainsi qu'à toute la famille, l'expression sincère de nos condoléances les plus émues ».

EMILE MARCHAND.

De l'Ouest-Eclair

« CHARLES BERJOLE est mort des suites d'une longue et cruelle maladie.

C'est un « artiste », un vrai, un pur, qui disparaît.

Ancien élève de l'Ecole des Frères, ce primaire prouva de bonne heure sa supériorité. Curieux de tout savoir, BERJOLE fut un architecte remarquable, un peintre hardi et vibrant, un poète ému, subtil, délicat.

Une enluminure, LE MISSEL, fut représentée au théâtre d'Angers. Cette œuvre joliment ciselée garde, malgré ses imperfections, un charme indéfinissable.

Insipide et pareil l'or fin du sablier...
Voit demain ressembler comme un frère à la veille.
Et vivre chaque jour des minutes pareilles.

BERJOLE, peu gâté par la chance, devint professeur de dessin... et il approuvait les paroles du peintre russe Vereschtaguine : « En art, les fonctions officielles, les titres, les décorations sont profondément préjudiciables aux véritables intérêts de l'artiste. »

Enfin, quand BERJOLE fut terrassé par le mal qui devait l'emporter, les officiels se souvinrent ou découvrirent que cet artiste avait peut-être du talent.

Il eût mieux valu encourager les efforts de BERJOLE, jeune, courageux et prêt à la lutte.

L'auteur du FLUTIAU DÉLAISSÉ et de tant de jolies choses, emportera les regrets profonds, sincères de ceux qui l'ont connu ».

G. HOELLARD.

De La Presse Angevine

« Nous avons eu la grande douleur de conduire, cette semaine, à sa dernière demeure, notre charmant compatriote CHARLES BERJOLE, artiste peintre, poète de talent, professeur distingué — âme d'élite surtout, enlevé dans sa quarantième année à l'affection des siens et à l'admiration de ses nombreux amis, par un mal impitoyable. Mardi, au cimetière de l'Est, après la cérémonie funèbre, qui eut lieu à l'église Saint-Laud, des voix autorisées se sont fait entendre, celles de M. Planchenault, député ; Morin et Marzin, artistes peintres ; Marc Leclerc, l'écrivain si passionnément épris des choses de l'Anjou. Tous ont rendu un juste et éloquent hommage à la mémoire de notre regretté ami que pour aujourd'hui nous pleurons, nous réservant de revenir sur l'œuvre qu'il a laissée ».

H. J.-D.

On fit l'éloge de BERJOLE au Conseil général.

M. Planchenault présentant à ses collègues du Conseil général, un rapport sur la participation de notre Ecole régionale des Beaux-Arts à l'Exposition internationale des arts décoratifs, qui aura lieu, à Paris, l'année prochaine, a prononcé, en ces termes, l'éloge de CHARLES BERJOLE :

« Permettez-moi d'évoquer la pensée vraiment douloureuse de la perte que vient de faire l'Ecole, en la personne de son professeur de composition décorative, M. CHARLES BERJOLE.

M. BERJOLE était non seulement un véritable artiste, de même qu'il s'était montré poète remarquable, mais aussi un excellent professeur d'art décoratif, que nous avions été heureux de faire entrer dans les cadres de notre Ecole, qui a fait faire des progrès sensibles à son cours et qui avait admirablement préparé ses élèves à cette Exposition, pour laquelle nous vous prions de voter des crédits.

Depuis quelques mois, la maladie implacable était venue interrompre son œuvre, qui promettait beaucoup, et qui n'a pu être continuée, je tiens à le signaler, que grâce au dévouement affectueux de plusieurs de ses collègues, professeurs de l'Ecole, qui se sont partagés sa tâche.

Nous vous demandons de vouloir bien témoigner à la famille de M. BERJOLE, si éprouvée par sa disparition prématurée, ainsi qu'au personnel de l'Ecole, l'expression de tous nos regrets et de nos condoléances les plus émues. »

Il propose l'envoi à la famille de M. BERJOLE de tous les regrets du Conseil général.

M. le Président Blachez se fera l'interprète de l'Assemblée départementale ; M. le Préfet y associe l'Administration et M. Bernier, la Ville d'Angers.

(*Rapport du Conseil général*).

PRISONNIERS

Prisonniers, me dit-il, nous sommes prisonniers,
Tous : les petits, les grands, des premiers aux derniers,
Celui-ci d'un amour, celui-là de sa haine ;
Rivée à soi chacun porte ou traîne une chaîne.
Une idée, une foi, un vice, un mal : boulets
Plus ou moins douloureux, plus ou moins lourds ou laids,
Mais boulets, ou carcans... Notre âme est asservie
Et toujours enfermée. Ambition, envie,
Conventions, besoins, passions : des geôliers,
Et qui rient de nous voir ainsi par eux liés ;
Et qui rient de nous voir aux murs briser des ailes
Impuissantes à nous affranchir de leur zèle ;
Et qui rient de nous voir ces semelles de plomb
Qu'ils ont férocement clouées à nos talons !.....

Mais moi, qui vais mourir, tout à l'heure, il me semble
Que je puis mépriser ces geôliers tous ensemble :
Par les crevasses des hauts murs de ma prison,
Je vois, définitif, un si bel horizon !.....
Naguère, par la porte entr'ouverte du rêve,
J'avais cru m'évader. L'illusion fut brève,
Dans le cachot étroit de la réalité
Je retombai du plein azur précipité !.....
Mais aujourd'hui, ... mais à présent, ... mais tout à l'heure...
Dites, je vous en prie, il ne faut pas qu'on pleure
« Autour de moi », soupira-t-il, puis il reprit :
Terres promises à mon âme, à mon esprit,
Enfin... ô Mort, accours..... et d'un grand coup d'aile ivre
Vers les splendeurs du ciel... emporte-moi !... délivre.....

Charles AMIOT.

*
**

Les obsèques de CHARLES BERJOLE furent, elles aussi, péniblement touchantes. Le char modeste était une floraison de toutes les couleurs de l'automne ; c'est bien là cette gloire du poète et de l'artiste que lui-même a rêvée un jour dans un poème du FLUTIAU.

Triste aussi cette foule accourue pour accompagner un poète, autorités civiles, personnalités venues là non pas par obligation officielle, mais bien pour marquer ce que l'on doit à ceux qui furent des apôtres de l'Art et de la Beauté.

Plus triste encore cet adieu au cimetière, cet amoncellement de fleurs couvrant dix fois le corps, quelques paroles émues, et puis cette foule qui pleurait.

M. Planchenault a pris la parole, en l'absence de M. Livache, directeur de l'Ecole des Beaux-Arts, qui, retenu au loin, n'a pu même être prévenu à temps de la triste cérémonie de ce jour, et au nom de M. le Maire qui l'a chargé de représenter l'Administration municipale, comme ancien adjoint aux Beaux-Arts, bien qu'il ait cessé de l'être depuis plusieurs mois.

« C'est tout à l'heure, dit-il, qu'on m'a demandé de prendre ici la parole. Aussi voudrez-vous bien m'excuser si, à défaut de tout discours préparé, je laisse simplement parler mon cœur, au fil de mes souvenirs.

« Et je me souviens que, il y a quelque vingt ans, se révéla à nous un jeune poète, dont les débuts attirèrent aussitôt l'attention. Bientôt il s'affirma comme un maître. Ses charmantes pièces en vers, si finement ciselées, lui valurent l'estime, la réputation et, j'ajouterai, une sympathie qui, depuis, ne s'est jamais démentie. Puis, à nos expositions des Amis des Arts, nous vîmes apparaître du même auteur, des esquisses, des peintures, des eaux-fortes ou des bois gravés, d'une facture personnelle et originale. BERJOLE était un artiste, dans la plus belle acception du mot. Aussi, lors de la réorganisation de l'Ecole régionale des Beaux-Arts, fûmes-nous heureux de pouvoir lui confier le cours de composition décorative, pour lequel le désignaient si bien et son sens artistique, empreint d'un goût parfait et sa science accentuée du coloris. Déjà, quelques années auparavant, au moment où le vieux maître Brunclair agonisait, j'avais songé à BERJOLE pour le suppléer. Malheureusement, celui-ci ne possédait pas les brevets officiels que l'Administration supérieure semblait exiger alors pour le professorat. Plus tard, elle voulut bien passer sur cette lacune, en considération d'un talent qui s'était affermi et que nous lui garantissions. Notre confiance et celle de M. l'Inspecteur des Beaux-Arts ne furent pas démenties. BERJOLE sut instruire ses élèves et les préparer admirablement à ce qu'on attendait d'eux comme de lui.

« Messieurs, une fleur de poésie vient de disparaître, et l'Art, comme la Poésie, peut aujourd'hui se dire en deuil. Au nom de l'Administration municipale d'Angers, qui se doit d'être la protectrice des Arts et des Lettres, au nom également du Conseil général de Maine-et-Loire, au nom du Directeur et du Personnel de l'Ecole des Beaux-Arts, c'est de tout cœur que j'adresse un dernier adieu à celui qui vient de nous quitter. »

Un ami, L.-Ch. Morin, au nom de tous les amis :

« Profondément ému par la fin d'une amitié aussi vieille que nos âges, quels mots, quelles phrases vais-je oser prononcer pour exprimer ma pensée tout entière et pour la lier intimement à celle de tous les amis qui m'ont chargé du triste devoir de parler en leur nom ?

« C'est donc très simplement et très brièvement que je vais essayer de retracer un peu de la vie de CHARLES BERJOLE en y mettant toute la sincérité de mon cœur.

« D'une origine qu'il se plaisait à reconnaître modeste, il

ne sut jamais en rougir. Son père mourut alors qu'il était à peine sorti de l'enfance et tout de suite l'impérieux besoin de vivre l'obligea à quitter l'étude pour l'atelier d'abord, le bureau ensuite

« C'est vers sa quinzième année que ses dons naturels se révélèrent, il commence à peindre d'intuition sans le secours d'aucun maître.

« Abandonnant alors registres et copies, il se place comme commis chez l'un de nos meilleurs architectes angevins. Au milieu des projets qui tapissent les murs, qui encombrent les cartons, il fouille, il crayonne et il a vite fait de discerner la beauté des lignes; il les assemble à son tour, il bâtit et au jeune chercheur, qui, entre temps, suivait les cours de l'Ecole régionale des BeauxArts, la plus grande confiance est alors accordée.

« La peinture, cependant, n'est point abandonnée ; le matin, avant de se rendre à son travail, pour lequel il est d'une probité rare, il va surprendre la nature à son réveil, comme il lui demandera de copier ses chauds coloris du soir. Il dessine entre temps à droite et à gauche pour son plaisir, toujours le carnet de croquis en mains. Quelques menus travaux encore, lui permettent d'augmenter ses ressources.

« C'est vers cette époque-là que paraissent ses premiers poèmes, qu'il signe du pseudonyme de Firmin Madeleine. Longtemps ses plus intimes amis ignorèrent le nom véritable du poète dont l'Eventail, feuille aujourd'hui disparue, gardait jalousement l'anonymat.

« Puis, c'est le régiment. A Châteauroux, au 90e de ligne, il y fait quelques mois de classes seulement. Sa nature fragile s'accommodant très mal du métier des armes, il est renvoyé dans ses foyers avec une réforme.

« La fortune jusqu'alors ne lui ayant pas souri, il reprend son emploi d'architecte. Mais le désir de peindre le poursuit toujours.

« Il commence à exposer aux Salons des Amis des Arts où ses études sont déjà remarquées pour leur délicatesse et le ste sentiment qu'elles savent exprimer. Le bon professeur unclair le prend en particulière estime et lui donne ses eilleurs conseils.

« Programmes, affiches, réclames, costumes, décors, il dessine peu de tout ; il illustre les nouvelles de ses amis, pendant e lui-même trouve le temps de jeter rapidement sur le pier des strophes, des sonnets qui, à l'encontre de la peinre, lui seront un délassement.

« Son pseudonyme littéraire disparaît à la suite d'un ncours dont il sort le vainqueur et qui le classe au premier ng des poètes angevins ; et LE MISSEL, cette délicieuse pièce un acte voit les feux de la rampe.

« Ce succès ne lui fait point abandonner le pinceau qu'il anie chaque jour avec une plus grande assurance et une nviction que rien ne peut ébranler.

« Affirmant que, hors la peinture, rien ne saurait lui être us cher, il quitte enfin le cabinet d'architecture pour se ncer avec crainte, mais tout de même plein d'ardeur vers professorat. Les élèves, conquis par son charme, par son telligence et sa bonté, viennent à ses cours de plus en plus mbreux Lentement, il commence à vivre de la vie qu'il avait ulue et qu'il s'était faite lui-même. Son courage et sa volonté nt encore plus grands, car il a maintenant charge d'âmes.

» Puis, c'est la guerre qui, dans un seul jour, mine toutes plus chères espérances. Quoique réformé, il est repris par service armé. Le sac est bien lourd pour ses faibles épaules le fusil ne tient que bien peu entre ses doigts. Il tombe vement malade. Quelques mois d'hôpital, puis une nouvelle forme, définitive cette fois, le rend à son foyer. Si la peinre, pendant ce temps, a quelque peu chômé, parce qu'il faut re n'importe quoi pour vivre, il adresse pourtant, en quelles vers émus des strophes à nos héros ; il se fait le porterole des tout-petits qui sont venus se réfugier sous nos toits gevins, et je voudrais pouvoir dire ce VOYAGE DU BONHOMME OEL qui est un si touchant appel à la divine charité.

« Le long cauchemar est enfin terminé ; la face de la vie,

quoique changée, le ramène à son désir : peindre. Il repre le professorat. Chaque période de vacances lui permet de donner tout entier à son art et c'est alors que nous assisto au développement de son talent. Il n'a plus le temps de rim il peint. Les « Artistes français », chaque année, le reçoive à leur Salon et l'Ecole régionale des BeauxArts d'Angers choisi comme professeur de composition décorative. La gravu sur bois, l'eau-forte tentent son burin : toutes les formes l'art, il veut les pratiquer et s'en faire des amies.

« Mais la maladie terrible et inexorable qui devait l'e porter guettait à son seuil.

« En revenant, l'an passé, d'un voyage d'études, dans Creuse, d'où il rapporta des toiles pleines de charme et vigueur, il dut suspendre travaux et fonctions. Pendant u année entière, nous avons assisté aux progrès constants d' mal auquel, jusqu'à la veille de son dernier moment, lui voulait pas donner raison.

« Tout et l'impossible fut tenté pour lui rendre la san tout échoua ; cependant, qu'entouré des soins constants dévoués d'une compagne qu'il aima toujours si profondémen mais, par contre, toutes les sympathies lui sont venues spon nément et il les méritait toutes.

« Il est mort parmi nous, au cœur même de l'Anjou qu a si délicatement peint, qu'il a chanté avec tant de délicates

Ma vie est un jardin désespérément nu.

Quelle tristesse dans ce vers qui résume toute sa vie la rieuse dont il ne pourra plus recueillir les bienfaits et traduit avec précision son perpétuel état d'âme inquiète toujours insatisfaite.

« Et le jardin nu de sa vie s'est transformé aujourd'hui un jardin véritable que tous ses amis ont voulu lui fa resplendissant et parfumé.

« Au nom de tous ceux-là, dont l'affection ne s'est jam démentie et qui sentent cruellement le vide laissé par sa dis rition, je lui adresse un suprême adieu et prie son épouse, ıfants et toute la famille si douloureusement éprouvés, de en vouloir agréer nos très respectueuses condoléances. »

M. Marzin, au nom des Amis des Arts :

« Un sentiment d'infinie tristesse étreint nos cœurs. Il permet mesurer la place qu'occupait, dans notre cité, l'artiste qui sparaît, après avoir conquis dans une vie, hélas ! trop courte, dmiration, le respect, la sympathie de tous.

« Enfant de l'Anjou, tout à tour peintre et poète, il sut mer et chanter sa terre natale avec toute la sensibilité et la licatesse de son beau talent.

« Toutes ses œuvres empreintes d'une vision d'Art, faites de ıcérité et de beauté, en sont un témoignage ; il était vraiınt le fruit de sa terre, à qui il avait voué une âme exquise.

« Son talent n'avait d'égal que sa modestie, il sut l'affirmer bonne heure par une facture lumineuse et souple révélant e émotion intense.

« Travailleur opiniâtre, sûr de sa vie, il a su concilier les ficultés et les efforts, d'où la forte harmonie qui se dégage l'ensemble de ses œuvres.

« Scrupuleux et désintéressé, Berjole sut s'attirer l'affection tous par ses rares qualités d'esprit et de cœur.

« Nous n'aurons plus la joie de le compter parmi nous, ıns nos manifestations où il tenait une si large place, et où, nseiller sûr et bienveillant, il contribua depuis plusieurs nées au développement artistique de notre Salon.

« Il vivra quand même par les souvenirs impérissables qu'il sse, il vivra aussi par ses œuvres, qui resteront une des ires de l'Anjou.

« Fidèle à son sol natal qu'il n'a jamais voulu quitter, il va poser maintenant sur cette terre où il a éprouvé les preères joies de son enfance.

« Qu'il me soit permis d'adresser à son épouse accablée par douleur, à ses chers enfants, ainsi qu'à sa famille éplorée, xpression de nos plus vives condoléances.

« Au nom des Amis des Arts, des camarades de la Guilde et des Artistes Français, je m'incline, mon cher BERJOLE devant votre tombe, trop prématurément ouverte, pour vous adresser notre suprême adieu. »

Enfin, Marc Leclerc, au nom de la Société des Artistes Angevins :

« MADAME,

« Si je n'avais écouté que mon cœur, j'aurais gardé devant celui qui vient de nous quitter un silence plus éloquent que toutes vaines paroles. Mais l'on m'a fait observer que, représentant ici la Société des Artistes Angevins, j'avais le devoir de saluer ici celui qui en fut un des premiers adhérents. Je me souviens toujours du poète de vingt ans, qui, lors de nos débuts, nous apporta comme un écrin entr'ouvert, plein de délicates pierreries, ce MISSEL dont on disait tout à l'heure le charme et la douce harmonie. Il fut des nôtres dès le début il nous suivit, et nous le suivîmes aussi, car cette âme ardente dans un corps frêle, commandait les sympathies — et les gardait.

Evadée de sa gangue douloureuse, elle doit, à l'heure présente, cette âme ardente et éprise de lumière, planer, déjà bien au-dessus de nous, dans les sphères supérieures, et retrouver la lumière qui ne meurt pas.

Au nom de la Société des Artistes Angevins, au nom de tous ses amis de Paris, qui n'ont pu venir ici, je vous prie d'agréer, Madame, l'expression de nos respectueux hommages et de notre sympathie douloureuse pour l'ami cher que nous avons perdu. »

IN MEMORIAM

Lettre à l'Editeur.

MON CHER BRUEL,

Lorsque vous m'avez demandé, lorsque je vous ai promis de rassembler, pour l'hommage que grâce à vous ses amis vont pouvoir rendre au souvenir de Berjole, quelques-unes de ces fleurs fanées bien-aimées que l'on nomme tristement « souvenirs », nous savions mal, vous et moi, à quel point l'amitié est Silence, et combien ce que nous avons de plus cher est d'abord indicible : la mort de Berjole, si affreusement attendue par nous les derniers jours, dès qu'elle *fut*, nous n'avons pu ni l'imaginer, ni l'accepter. Si proche encore, on ose à peine y songer longuement. Et pour ceux dont elle est venue au loin briser des liens vieux de toujours et que ni la distance ni l'absence n'avaient effleurés, pous ceux qui depuis des années vivaient loin de notre ami — et ne l'auront point revu, c'est peu de dire qu'ils ne savent s'en consoler, tant il leur est impossible d'y croire.

J'ai dix fois ébauché ces lignes, j'ai dix fois reposé ma plume avec un frémissement inexprimable et glaçant et le sentiment poignant de l'inutilité à la fois et de la cruauté de toute écriture. La demi-inanité de ces témoignages — dont nous ne nous disons jamais que les vivants en auraient plus besoin que les morts — est assez évidente. Peut-être pourtant faut-il passer outre ; peut-être est-il nécessaire de ne pas trop considérer ces choses sous l'aspect décevant, inhumain de l'Absolu, *sub specie æternitatis*, et d'oublier que nos jours éphémères ne le sont guère moins que tout ce qu'on en peut dire. Et s'il est vrai que « les *Présents* ont toujours tort », il est bon sans doute que le premier privilège des Disparus soit d'avoir, au seuil de cette noire Absence, enfin *raison*, et que les survivants en témoignent.

Il est juste que ceux qui l'ont connu viennent « déposer » ici pour Charles Berjole et dire l'humble grandeur de cette vie, les doux prestiges de ce cœur choisi. Vous avez bien fait de vouloir que par eux un peu de tout cela soit révélé au monde, qui l'ignora, qui l'ignore toujours. Si, comme l'a pathétiquement expliqué Romains, la « mort de quelqu'un » ne commence en réalité qu'avec le dernier battement du dernier cœur ami, même ainsi prolongée, que notre vie est courte ! Certes, elle l'est : une génération la mesure. Mais il n'est pas défendu de ruser avec le destin, et la Gloire n'est pas autre chose. L'œuvre n'y suffit pas toujours, d'ailleurs : elle assure parfois, et ce sera le cas cette fois, une certaine durée au rêve, à la pensée de l'artiste. Mais à l'homme ? Rassurons-nous donc : après nous, ce *Tombeau* évoquera pour des inconnus, qui peut-être auraient été dignes de l'approcher, l'être exquis et pur que nous avons perdu. Qu'on me permette, pour ma part, de rêver que le plus cher message dont se chargent en secret ces pages soit de redire un jour à deux têtes enfantines, qui jadis m'ont souri, comme nous avons aimé et admiré leur père...

*
**

Mais ni l'admiration ni l'amitié pleinières ne se justifient, ne s'expliquent jamais tout à fait. Il faudra qu'on nous croie sur parole, j'allais dire : sans preuves. Ce n'est pas avec des mains qui tremblent et des yeux aveuglés de pleurs que l'on peut poser sur ces régions réservées et mystérieuses une lumière bien assurée.

La mémoire du cœur est terrible : à mesure que j'écris ces mots, des souvenirs m'assaillent qu'il vaut mieux écarter, infimes, innombrables et chers comme ces jours de jeunesse et d'avant-guerre, ces jours passés qui tramaient la vie heureuse et monotone d'alors, et dont Berjole, avec une gravité qui m'avait bien frappé, me disait déjà autrefois que ces temps faciles auront contenu pour nous toute la douceur de vivre. Sa dure étoile ne lui mentit pas.

Pourtant si son destin, nous pouvons bien l'écrire, nous apparaît assez amer, je pense qu'il nous faut l'accepter ainsi, comme lui-même l'avait accepté. Un Barrès, quand il avoue enfin que « l'univers et notre existence sont des tumultes insensés », a bien soin d'ajouter, dans un de ces alexandrins involontaires dont sa prose avait le secret : « Philippe, il faut pourtant nous en accommoder ». S'en accommoder, c'est vivre, qu'il veut dire. S'accommoder, ce serait autre chose. S'adapter à la terre sans rien y laisser de ses forces et de ses rêves, il y faut communément trop de connivences et de chances pour que beaucoup d'artistes y parviennent jamais.

Mais ces hasards heureux, dont l'absence justifierait trop bien si l'on veut y prendre garde « l'abdication du poète », les plus courageux feignent d'y suppléer par une sorte de sagesse ironique et silencieuse pour laquelle, songeant à notre ami, je ne trouve pas d'autre mot que celui de stoïcisme. Au reste, si l'on y réfléchit, l'injustice des hommes, les rudesses de la vie, la comédie du monde et l'isolement des êtres, c'est peut-être, en dépit d'un optimisme salutaire, mais proprement insensé, la loi même de l'homme, pour toute âme pensante, pour tout cœur bien né. Il serait fou de s'indigner, voire de se révolter là contre. Et la protestation sublime d'une Anna de Noailles,

Jamais le sort humain n'eut mon consentement...

n'étouffera pas en nous la mélancolique résonnance de la pitié consentante et sage de Renée Vivien, saluant fraternellement

Les poètes obscurs qui savent les affronts...

Ne nous étonnons pas que les « affronts » soient moins qu'à d'autres épargnés à ceux-là que la vie a trompés, je veux dire à ces affamés de beauté — et non, comme les sots le croient vulgairement, de « bonheur » — que leurs pressentiments invincibles et leur rêve incurable exilent à tout jamais d'un monde taré mais confortable et de l'univers « habitable ». Mais on peut mépriser ceux qui sourient de ces douleurs « imaginaires » et des voiles de deuil de Psyché, ceux qui ne voient là qu'inassouvissement romantique de cœurs insatisfaits et faibles, voués avec délectation à la défaite : car il n'est pas vrai, malgré tout ! il n'est pas vrai que ce soit trop demander à la vie que de rêver inlassablement d'un *accomplissement* total, dans la joie d'une tâche belle et choisie et de la paix du cœur...

Et puis il faut plaindre ceux qui pouvant (et ils le pourraient) amortir parfois ces brutalités du sort, où le temporel a sa part comme le spirituel, réparer l'injustice, soutenir le courage, consoler, protéger, *servir*, ne savent que laisser les fatalités jouer leur rôle aveugle : l'artiste, qui n'a besoin, mais un besoin vital (ou mortel), avec le pain quotidien, que de confiance et d'amour, témoignerait atrocement parfois, en nos temps modernes, contre ses frères les hommes, si la Pauvreté et la Solitude voulaient parler... A des degrés divers et avec quelques nuances, l'histoire de Chatterton, encore qu'elle semble bien démodée à nos contemporains, est probablement toujours vraie.

Mais, outre que nul n'est jamais certain d'être absolument « incompris », et que cela n'a aucune importance, il nous paraît décidément puéril d'en vouloir aux hommes de leur indifférence, à la vie de ses duretés. Il était évidemment difficile à ceux qui l'aimaient de ne pas comparer malgré eux le tribut unanime de regrets officiels et publics que la mort de Berjole suscita dans sa ville, à ce qu'on avait fait pour lui, de son vivant, à ce qu'on eût pu faire : mais le déplorer serait bien naïf. Il convient surtout qu'aucune amertume ne ternisse ces pages sur lesquelles je n'ai cessé d'entrevoir, invisible et tout proche, le sourire désabusé, tendre et fier, que Charles Berjole posait, dès sa jeunesse, sur toute chose et sur une vie qui le ménagea peu. C'est par un sourire, que ceux qui ne peuvent le désarmer, purifient le destin ; or, comme il est dit dans *Dominique*, « le sourire de cet homme était délicieux ».

Il est singulier qu'au milieu de notre deuil, cela reste le souvenir le plus puissant et la plus vivante image que nous gardions de notre ami. Il est bien remarquable aussi de se dire que ce qui fleurissait le plus aisément et le plus naturellement aux côtés de Berjole, c'était la gaîté. Pudeur, courage, si l'on veut — certes ! mais aussi, mais d'abord, une fraîcheur, une jeunesse de cœur extraordinaires. Cet enfant des villes, ce poète des nostalgies à la Samain, ce grand laborieux que le temporel enchaîna — et à qui d'ailleurs, je crois, le divin ne parlait guère, avait la « gaîté des Saints ». Peu d'êtres auront plus discrètement, plus magnifiquement démenti le mot affreux de Sainte-Beuve : « Mûrir ! Mûrir ! On durcit à certaines places, on pourrit à d'autres : on ne mûrit pas ». Berjole était de ces privilégiés que cette « candeur de cœur », dont la sœur de Maurice de Guérin disait qu'elle était « d'un charme si rare dans le monde », protège contre tous les endurcissements, contre tous les enlisements, et à qui un courage inné, opiniâtre, taciturne, réserve au moins l'obscure joie du devoir accompli, de l'honneur satisfait. Berjole était de ces cœurs où rien ne fane, que l'épreuve trempe, et qui « mûrissent » comme ces fruits purs qui peuvent périr dans l'orage, mais non y pourrir.

Toute sa philosophie, il me semble, tenait dans une sorte de fatalisme mi-résigné mi-narquois, le fatalisme des humbles à qui la vie fut âpre, subtilement éclairé d'un mépris indulgent mais aigu pour tous les ridicules, les laideurs, les médiocrités, réchauffé par le sentiment profond et comme résigné qu'il avait — sans que cela contredise à sa modestie admirable, d'être pour ainsi dire supérieur à son propre destin, et magnifié enfin par son amour émouvant de la Vie. Son foyer — dont nous ne pouvons aujourd'hui évoquer l'atroce dépeuplement, son art, et la Nature, voilà où s'alimentait la flamme qui, jusqu'à le consumer, nourrit ce cœur fervent, rayonna sur ce front visiblement marqué du Signe.

Les idées l'intéressaient plus que les livres, et les hommes plus que les idées ; mais il avait en matière littéraire un goût extrêmement personnel, des curiosités infinies, et des jugements d'une simplicité raffinée, qu'il exprimait avec une franchise placide, et qui nous enchantaient. Il m'apprit bien des choses, et sa faculté de compréhension était étonnante. Il avait, en critique, le don essentiel, qui est l'enthousiasme. Nous dévorions ensemble les jeunes revues (jeunes alors !) et jamais *La Nouvelle Revue Française* de 1912 ou 13 n'eut de plus ardents lecteurs que ces deux petits provinciaux... En dépit d'une culture incomplète (pour les touchantes raisons que l'on sait), Berjole, en littérature et en art, alliait à un degré rare et extrêmement savoureux un classicisme traditionnel et qu'on voudrait appeler d'aristocrate à une attirance parfaitement contrôlée, lucide et libre pour toutes les formes hardies et neuves de la peinture et de la poésie : miracle d'intelligence et d'indépendance, si l'on songe aux inévitables influences de l'époque, du milieu, aux routines quotidiennes, aux besognes écrasantes, à l'atmosphère où vécut longtemps cet enfant du peuple, cet autodidacte, cet isolé.

C'était aussi l'un des traits les plus attachants de son tempérament que cette tendresse filiale de l'artiste pour sa province, quand on sait que pouvait s'y mêler parfois la plus vive nostalgie de décors et de paysages nouveaux, et même le désir passionné de Paris : l'Anjou, qui lui fut toute entière un « petit Liré » n'étouffa pas ces rêves, ces désirs furtifs, qui sont dans son œuvre comme « le coup d'archet du tzigane » au milieu d'une musique champêtre ; mais les plus beaux paysages qu'il lui fut donné de loin en loin de contempler (avec quels yeux avides, ses toiles, ses eaux-fortes nous le disent) l'éblouissaient sans jamais le déprendre de ses horizons familiers et de son ciel natal.

L'on a dit, l'on dira tout cela et bien d'autres choses, beaucoup mieux que je ne le pourrais faire. Et je ne voulais ce soir qu'égréner à mi-voix des souvenirs trop chers, qu'effeuiller les roses fragiles d'une amitié perdue. Mais cela même, vous le voyez, mon cher Bruel, mon cœur ne peut y consentir. Un ami qui n'est plus, quand on a peu d'amis, c'est beaucoup de nous qui nous quitte ; et, je l'écrivais ailleurs (1), naguère, bien pauvrement, c'est un peu de notre propre jeunesse qui meurt avec Charles Berjole. Je sais, on nous redira le rude conseil barrésien, cité récemment par Mauriac : « Il faut quitter d'un pas assuré notre jeunesse et trouver mieux. » Trouver mieux ! Quel téméraire espoir, ou quelle ingratitude... A défaut du courage qu'il faudrait pour y croire et qui peut-être viendra bien un jour, qu'on nous laisse ce soir pleurer sans paroles une mémoire chérie.

*
**

Je n'ai pas rouvert le *Flutiau délaissé,* et je n'ai pu feuilleter bien longtemps le carton fidèle où, depuis tant d'années, s'accumulaient les eaux-fortes, les bois et les dessins que Berjole dispensait à ses familiers avec une prodigalité charmante. Tout cela palpite encore d'une vie qui me semble d'hier, et qu'il n'est pas possible d'éveiller si tôt. Des souvenirs déchirants, au moindre geste qu'on fait vers eux, se lèvent de ces moindres feuillets. Voici les bois que nous avions coloriés ensemble, dans quelle fièvre joyeuse, pour une « image en vers » qui nous fit faire bien des rêves ; voici, pour ce même petit rien (notre première, hélas ! et notre unique collaboration), des projets de décor qui nous émerveillèrent long-

(1) Cf. dans ce volume, aux « Témoignages », l'article du *Feu*

temps ; voici des dessins baignés de poésie pour de minces proses qu'il aimait et qui devaient porter nos deux noms ; mais ces bois, ces cuivres, ces choses adorables qu'il créa amoureusement, que sa main a touchées, à quoi bon remuer tout cela ? Un jour, plus tard, je rouvrirai ces pages, je relirai ces vers.

Aujourd'hui, l'évidence terrible de l'irréparable Absence ne suffit que trop à l'âme démunie, où rien d'autre ne peut trouver place. Depuis cinq années, je n'avais pas revu mon ami. La vie inexplicable a de ces étrangetés... Que de projets pourtant nous avions faits par lettres, et comme il fut longtemps attendu sous ces ciels basque, puis provençal, dont la lumière l'eût enivré. Qu'une autre Lumière aujourd'hui lui soit douce — la *lux perpetua* qu'on chantera demain. Nous ne le verrons pas, tendre, rieur et doux, arriver à quelques vacances, petit Cézanne de l'angevine douceur, l'ami des jours lointains. Je ne gravirai plus l'étroit escalier de la place de la Visitation, il ne connaîtra pas ma « maison du berger »...

Ah ! s'il était vrai, comme l'écrivit un jour André Godard, que « ce n'est pas la mort qui sépare, mais la vie », on voudrait au moins tirer de cette parole amère quelque cendreuse douceur. Mais l'amitié, ni l'amour, ne consentent jamais tout à fait à ces âpres, à ces inhumaines consolations. Parce que Berjole n'est plus, parce que ces yeux de candeur et de rêve se sont fermés, un peu de la beauté, de la bonté du monde nous a été retiré. Au paradis des peintres et des poètes, Dieu, qu'il dut reconnaître bien vite, l'aura mené près de Verlaine et de Watteau, de Rembrandt, de Charles Guérin, de tous ceux qu'il aima sur terre ; et tous l'entoureront comme un frère cadet : « Berjole... ».

Mais nous sommes quelques-uns ici-bas, n'est-ce pas, Philouze ? qui avons cru en lui, qui l'avons aimé, et qu'on ne consolera pas.

Aix-en-Provence, 1er Novembre 1924.

Alphonse MÉTÉRIÉ.

*
* *

Puisse dans ces brèves pages être exaucé le vœu de ceux qui urent et resteront les amis de CHARLES BERJOLE ! Ils sont enus là comme en pèlerinage afin de déposer la palme de aix et de gloire sur le tombeau de celui qu'ils pleurent à amais. Maintenant, il leur faut garder comme une flamme acrée cette foi qu'il avait, Lui, dans la beauté des lignes et les couleurs et ces mots qu'il écrivit en tête d'un Flutiau our une petite fille :

Puissiez-vous découvrir..... l'existence d'une des plus douces t des plus consolantes choses du monde : la Poésie.

CET OUVRAGE A ÉTÉ TIRÉ A 330 EXEMPLAIRES
DONT 30 SUR PAPIER DU JAPON NUMÉROTÉS DE 1 A 30
ET 300 EXEMPLAIRES SUR PAPIER VÉLIN LAFUMA
NON NUMÉROTÉS.

AUX EXEMPLAIRES SUR PAPIER DU JAPON ONT ÉTÉ JOINTS
UN TIRAGE A PART SUR PAPIER VÉLIN MADAGASCAR
DES GRAVURES SUR BOIS CONTENUES DANS LE TEXTE
ET UNE REPRODUCTION EN TRICHROMIE D'UNE PEINTURE
DE CHARLES BERJOLE

TOUS LES EXEMPLAIRES POSSÈDENT DANS LE TEXTE
DES ILLUSTRATIONS PRISES DANS L'ŒUVRE DE CHARLES BERJOLE
ET HORS-TEXTE UN PORTRAIT,
LITHOGRAPHIE DE JEAN-A. MERCIER.
LES REPRODUCTIONS ET L'ALBUM DE SIMILIGRAVURES
SONT DE M. J. EVERS

ACHEVÉ D'IMPRIMER LE 15 JANVIER 1925
PAR L'IMPRIMERIE DU COMMERCE
3, RUE SAINT-MAURILLE, ANGERS
POUR LE « BIBLIOPHILE ANGEVIN »

CHARLES BERJOLE dans son atelier. 1924

Le Cloître (Musée Saint-Jean). *Peinture.*

La place de la Paix, Angers. *Eau-forte.*

Le bourg de Pruniers. *Dessin.*

Le bourg d'Yon. *Peinture.*

Environs de Saint-Rémy-la-Varenne. *Eau-forte.*

Le château de Barbe-Bleue. (Champtocé). *Eau-forte.*

Montsabert. *Dessin.*

Le Croisic. ** *Peinture 1917.*

Clisson. *Aquarelle 1918.*

Clisson. *Aquarelle 1918.*

Bruges. *Aquarelle 1921.*

Cathédrale d'Anvers. *Dessin 1921.*

Le Port d'Anvers. *Eau-forte 1921.*

Béguinage. *Aquarelle 1921.*

La Trinité-sur-Mer. *Peinture 1921.*

La Trinité-sur-Mer. *** *Peinture, Salon 1925.*

Pyrénées. *Peinture 1922.*

Pyrénées. *Peinture 1925.*

Saint-Martory (Haute-Garonne). *Peinture, Salon 1925.*

Paysan béarnais. *Peinture 1922.*

A. Crozaut. *Peinture 1925.*

Le Pont de la Creuse.

Peinture, Salon 1924.

La Roche des fileuses. *Peinture, Salon 1924.*

www.ingramcontent.com/pod-product-compliance
Ingram Content Group UK Ltd.
Pitfield, Milton Keynes, MK11 3LW, UK
UKHW020250180726
13839UKWH00001B/265

9 782329 554778